Stefan Henrich

Luca Furnari

Aus der Kreisklasse in die Jugendbundesliga

in zwei Jahren

Angelika Lenz Verlag

Originalausgabe
© 2021 by Angelika Lenz Verlag
Ortrun E. Lenz M.A.
Beethovenstraße 96 | 63263 Neu-Isenburg
Druck: Druckerei Siefert GmbH, Frankfurt/Main
www.lenz-verlag.de
Printed in Germany
ISBN 978-3-943624-63-2

Inhalt

Vom Autor

Hallo an alle meine jungen und auch etwas älteren Leserinnen und Leser! Seit über dreißig Jahren begleite ich nun schon soziale Projekte im ganzen Rhein-Main-Gebiet. Neben der hauptberuflichen Organisation und der Verteilung von warmen Speisen an ältere und bedürftige Menschen engagiere ich mich ehrenamtlich in der Kinder- und Jugendarbeit, in der Quartiersarbeit sowie in der Erlebnispädagogik.

Eine der schönsten und erfolgreichsten Aktionen der letzten zehn Jahre war sicherlich das integrative Fußballprojekt „Riedhof-Rockers" in der Heimatsiedlung in Frankfurt-Sachsenhausen. Luca Furnari, von dem dieses Buch handelt, war schon damals ein Teil dieses Kinderprojekts, und ich verfolge bis heute seine unglaubliche Entwicklung vom kleinen Bolzplatz-Torwartknirps bis zum stabilen und selbstbewussten Jugendbundesligatorwart. Da Luca sehr viel trainiert, spielt und natürlich für die Schule lernt, bat ich ihn, im Rahmen unserer Quartiersschreibwerkstatt, mit diesem Buch seine Geschichte erzählen zu dürfen. In enger Zusammenarbeit und im ständigen Austausch mit Luca, seinen Eltern sowie ehemaligen Trainern, Teamkollegen und Weggefährten entstand dieses Buch, und ich hoffe, es ist mir gelungen.

Viel Spaß damit!
Euer Stefan Henrich

Der Torwart

Luca Furnari (15) ist aktueller U17-Jugendbundesligatorwart. Mit 14 Jahren debütierte er als jüngster Torwart aller Zeiten in der höchsten deutschen Spielklasse und wurde 2019 von einer Expertenjury mit dem Torwart-Talent-Award, dem Förderpreis für das größte Nachwuchstorwarttalent Deutschlands ausgezeichnet.

In der Saison 2019/20 wurde er mit seinem Team Deutscher U17-Meister Südwest und gewann den U17 Südwest Masters Pokal. In der 2021 veröffentlichten Youth-News-Research-Studie erreichte er das höchste Leistungsniveau aller getesteten Nachwuchstorwarte Deutschlands und wurde in die Top-Elf des 2004er Jahrgangs nominiert. Nach seinen Jugendfußballstationen bei Weiss-Blau Frankfurt, SC Hessen Dreieich sowie dem DFB-Stützpunkt Frankfurt/Neu-Isenburg gilt er heute als eines der größten Torwarttalente im deutschen Fußball.

Vorwort von Luca

Hallo! Mein Name ist Luca Furnari und in dem Moment, in dem ich dieses Vorwort schreibe, bin ich 15 Jahre alt. Ich besuche die 10. Klasse der Freiherr-vom-Stein-Schule in Frankfurt am Main. Nach dem Unterricht bin ich zu 100 % Fußballtorwart und spiele aktuell in der U17-Bundesliga. Auch wenn es etwas ganz Tolles ist, mit 15 Jahren schon U17-Bundesliga zu spielen, so gleicht der Weg, auf dem ich in die Bundesliga gekommen bin, wohl einem Wunder. Ich selbst reibe mir manchmal verwundert die Augen, weil alles so unerwartet, so hoch, so schnell und so weit ging. Noch im Winter 2017 lief ich zum letzten Mal als Kreisligatorwart von Weiss-Blau Niederrad auf, um zweieinhalb Jahre später als vierzehnjähriger Torwart mein U17-Bundesligadebüt gegen den 1. FC Nürnberg zu geben.

Ihr merkt, es geht in einem irren Tempo vorwärts, aber jetzt nochmal langsam. Vor genau zweieinhalb Jahren spielte ich noch in der untersten Spielklasse, die es im deutschen Jugendfußball gibt, und heute halte ich gegen Bayern München, Borussia Dortmund oder Bayer Leverkusen meine Kiste sauber. Das Ganze klingt wie ein Märchen, aber für mich ist dieses Märchen wahr geworden. Ich weiß, dass weltweit Millionen Kinder davon träumen, in ihrem Lieblingssport Fußball so weit zu kommen, und ich weiß auch, dass ganz viele alles dafür geben. Ich möchte euch mit diesem Buch Mut machen, es weiter zu versuchen und an euch zu glauben. Es ist ein schwerer Weg, aber es ist nicht unmöglich. Ihr könnt es packen, wenn ihr hart an euch arbeitet und euch den Spaß am Fußball niemals nehmen lasst. Auf meinem Weg nach oben habe ich immer wieder Menschen getroffen, die mein Talent erkannt und mich im richtigen Moment gefördert haben. Ohne diese Schlüsselpersonen und Mentoren hätte ich eine solche Entwicklung niemals geschafft. Vielen, vielen Dank für eure Hilfe und den Glauben an mich!

All diesen besonderen Menschen widme ich diese Zeilen.

Wenn ihr dieses Buch aufmerksam lest, werden euch einige dieser wunderbaren Menschen begegnen.

An dieser Stelle möchte ich noch sagen, dass in diesem Buch sehr viele Fotos, die auf meinem Weg in die Jugendbundesliga entstanden sind, veröffentlicht werden, um euch die verschiedenen Stationen aufzuzeigen und zu illustrieren.

Da es sich oft um Mannschaftsfotos handelt, sind auf diesen Bildern sehr viele verschiedene Menschen zu sehen. Zu einem großen Teil meiner ehemaligen Mitspieler und Mitspielerinnen sowie zu Trainern, Betreuern und Physios habe ich heute noch Kontakt, aber es sind auch viele dabei, zu denen die Verbindung über die Jahre abgerissen ist. Da ich nicht weiß, wo sich jede einzelne Person heute aufhält, war es mir nicht möglich, alle um ihr Einverständnis für eine Veröffentlichung zu bitten. Um die Persönlichkeitsrechte zu respektieren und keine Unterschiede zwischen den Leuten zu machen, sind die Gesichter der Personen, von denen nicht explizit erzählt wird, leicht verpixelt. Alle anderen abgebildeten Personen haben ihre Einwilligungen abgegeben. So ist gewährleistet, dass niemand gegen seinen Willen zur Schau gestellt wird. Zu-

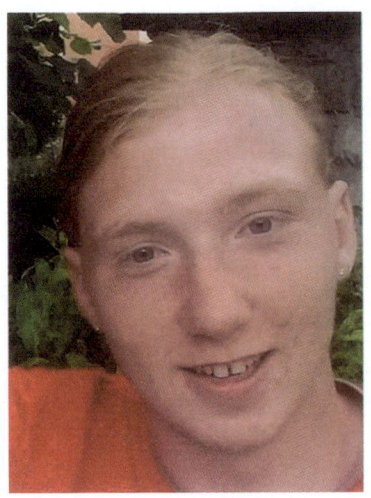

dem wurde explizit auf die Nennung meines Vereins in der Jugendbundesliga sowie auf das Zeigen des Vereinslogos verzichtet, um auch dem Verein bei der Wahrung seiner Vermarktungsrechte Rechnung zu tragen.

Jetzt wünsche ich euch viel Spaß beim Lesen und schnallt euch gut an, denn es wird eine turbulente Reise durch die Welt des Fußballs.

Euer Luca

Kapitel 1

Wie alles begann

Die Riedhofrocker aus der Heimatsiedlung

Mein Weg in die Bundesliga begann auf einem kleinen Bolzplatz in der Heimatsiedlung in Frankfurt-Sachsenhausen. Diese Siedlung wurde nach dem Zweiten Weltkrieg zum größten Teil von Vertriebenen aus den verlorengegangenen Ostgebieten des Deutschen Reichs bewohnt. Als die Kriegsgeneration langsam ausstarb, wurden die Wohnungen oft an kinderreiche Migranten-Familien vergeben, und so hatten wir in den Gassen unseres Quartiers sehr viele verschiedene Nationalitäten zusammen. Als ich zur Schule kam, beschloss mein Vater, der Sozialarbeiter in diesem Viertel war, ein Fußballprojekt für die Kinder der Siedlung zu starten. Das Projekt bekam den Namen „Riedhof-Rockers". „Riedhof" war mir klar. So hieß eben früher der Platz, auf dem unsere Grundschule stand, aber „Rockers" habe ich damals nicht verstanden. Mein Vater sagte immer, das klingt gut und passt zu euch. Einmal die Woche war Training auf dem Bolzplatz neben meiner Grundschule. Es gab keine einheitliche Kleidung. Jeder kam mit dem, was er oder sie hatte. Manche waren sogar barfuß und das auf Schotterboden. Jungs, Mädchen, Geschwister und sogar Zwillinge waren dabei. Egal, ob aus der ersten oder vierten Klasse der Riedhofschule. Manchmal waren wir über dreißig Kinder. Mein Vater teilte sie eigentlich immer in drei bis vier Gruppen ein und ließ uns abwechselnd gegeneinander spielen. Nach einer Stunde gab es immer für jedes Kind ein Stangeneis. Das war in der Siedlung echt für alle das Highlight der Woche. Peter Woltke, ein Streetworker aus unserer Siedlung, half immer mit und war der Schiedsrichter oder hielt die Kinder, die gerade nicht spielten, mit irgendwelchen Übungen in Schach. Er ist auch heute noch ein guter Freund der Familie und fährt mich ab und zu ins Training oder holt mich dort ab, wenn es bei ihm zeitlich passt. Meine Eltern machen das natürlich auch, aber bei viermal Training die Woche geht das natürlich nicht so oft. Deshalb bleibt meistens nur die S-Bahn, aber dazu später. Der Höhepunkt des „Riedhof-Rockers"-Projekts war aber definitiv für alle der „Riedhofcup". Am Ende der Sommerferien gab es immer dieses aus unserer Sicht riesengroße Abschlussturnier.

Eine Zeltgarnitur bildete den Sitz der Turnierleitung. Es gab fünf Pokale und verschiedene kleine Preise für alle Kinder.

Wir hatten vier Leibchenfarben. Blau, das sollte Italien sein. Gelb für Brasilien, Orange für die Niederlande und Weiß für Deutschland. Ich hatte zuhause ein hellblaues DFB-Torwarttrikot mit dem Schriftzug „Jens Lehmann". Das hatte mir mein Onkel aus einem Türkeiurlaub mitgebracht und es war bestimmt gefälscht, aber das war hier üblich und wirklich jedem komplett egal.

Ich denke heute, das war ein Schlüsselmoment für mich. Als ich mit diesem Trikot bei den Riedhofrockern auftauchte, war klar, dass ich in die Kiste ging, und so wie es heute aussieht, sie auch nie wieder verlassen werde.

Peter mit Kindern der Riedhof-Rockers und mir auf dem Tor

Die Sommermonate kamen mir damals viel heißer vor als heute, und oft brannte die Sonne so stark auf den Bolzplatz, dass die Luft durch den aufgewirbelten Staub ganz trüb wurde. Abends ist man dann völlig verdreckt nach Hause gekommen und von der Mutter in die Badewanne gesteckt worden. So dreckig wie am Abend dieses Riedhofcups war ich aber noch nie. Meine Mutter schrubbte mich fast zwanzig Minuten ab, wickelte mich in ein Frottiertuch und setzte mich zum Abendessen ins Wohnzimmer auf die Couch. Sie hatte Pfannkuchen gemacht, und die schmeckten mir an dem Abend besser als je zuvor. Aber jetzt von vorne: Zu Beginn wurden aus den 32 Kindern vier Teams gebildet. Sie sollten ungefähr gleich stark sein. Obwohl ich das himmelblaue Lehmann-Trikot anhatte, kam ich nicht zu Deutschland, sondern zu Brasilien. Ich fand unser Team zwar gut, aber die Weißen waren eindeutig stärker. Zwei Viertklässler, die beide schon viel besser spielten als meine ganze Schulklasse, waren in dieser Mannschaft gelandet. So ging das Turnier los. Alle Teams mussten zweimal acht Minuten gegeneinander spielen. Der Erste der vier spielte dann das Halbfinale gegen den Vierten und der Zweite gegen den Dritten. Die Vorrunde war hart umkämpft. Alle möglichen Kinder rannten mit Turnschuhen, Sandalen oder barfuß einem Ball hinterher. Das Krasseste aber war ein Mädchen aus Afghanistan. Sie spielte sogar mit Gummistiefeln in Pink und das bei dreißig Grad im Schatten. Komisch war, dass ich schon in dem Alter jedes Tor, das ich kassierte, zum Kotzen fand. Man kann sich vorstellen, dass es bei einem solchen Gebolze eine Menge waren. Bei jedem Tor spürte ich einen inneren Schmerz. Heute würde ich sagen, eine Kränkung. Damals wusste ich natürlich nicht, was eine Kränkung war, aber es war da, ich spürte es einfach. Gegentore fand ich wirklich zum Kotzen. Bei einem Spiel kassiere ich einmal ein Ei genau vor dem Abpfiff.

Wir führten schon 4:1, aber mich ärgerte es trotzdem so extrem, dass ich an der Seite vom Tor am Stahlgitter auf die Latte kletterte und mich obendrauf setzte. Als das nächste Spiel losgehen sollte, weigerte ich mich, vom Tor runterzukommen. Aus Wut ließ ich die Beine ins Tor baumeln, nur aus Protest und um zu stören.

Alle riefen mir zu „komm runter!" oder „hau ab da!" und Schlimmeres. Keine Chance, ich blieb sitzen und wollte erreichen, dass das komplette Turnier abgebrochen wird. Nach ein paar Minuten kam mein Vater, kletterte zu mir hoch, packte mich am Arm und gab mich zu Nikolai, meinem Onkel, nach unten. Ich wehrte mich nach Kräften, aber mein Vater ist 1,92 Meter groß und wiegt 100 Kilo. Der lachte nur und verwuschelte mir die verschwitzten rotblonden Haare.

Das Turnier lief gut für uns. Wir hatten gegen zwei Teams gewonnen und einmal unentschieden gespielt. Damit waren wir in der Vorrunde Erster und spielten im Halbfinale gegen den Vierten. Das waren die Orangenen, also die Niederlande. Das andere Halbfinale war Weiß gegen Blau. Deutschland gegen Italien. Heute lache ich oft darüber, wenn ich die alten Fotos sehe, aber damals kam uns das alles ganz real und wichtig vor. Die Halbfinalspiele gingen ein bisschen länger als die Vorrundenspiele, und das ein oder andere Knie der Kinder war schon auf und blutete. Auch die Hitze und der Staub wurden am Nachmittag stärker und stärker, aber mein Vater und Peter hatten immer ganz viel Wasser mitgebracht. In den zwei Halbfinals wurden die Trainer und Betreuer nochmal lauter als zuvor. Meine Brasilianer wurden von Onkel Nikolai (einem von vier Brüdern meiner Mutter) betreut. Die anderen Trainer waren Väter von Spielern oder Spielerinnen der Teams, und Italien wurde sogar von meiner Tante Irina gecoacht. Unser Halbfinale fing sehr schlecht für uns an. Nach zwei Minuten stand es schon 2:0 für die Niederlande. Das lag aber nicht daran, dass Oranje besser war als wir, sondern daran, das alle Gelben immer dahin rannten, wo der Ball gerade war. Das machten die Orangenen zwar auch, aber die machten es vorne und hinten. Bei Brasilien nur vorne. Irgendwie wie bei den Großen. Mit meiner damaligen Frusttoleranz, die gleich null war, führte das zu wilden Flüchen, Schreien und einem ritzeroten Kopf. Das musste die brasilianischen Offensivspezialisten scheinbar aufgerüttelt haben. Zur Halbzeit stand es zum Glück dann schon wieder 2:2. Tatsächlich kamen nun alle mit nach hinten und rannten nur nach vorne, wenn wir den Ball auch hatten. Obwohl wir besser waren, gelang uns aber leider bis kurz vor Schluss kein Tor mehr.

Niklas, der Torwart der Niederländer, war schon in der vierten Klasse. Er hatte zwar mit Fußball gar nichts am Hut, sondern fuhr lieber mit seinem Moutainbike durch unsere Siedlung, aber beim Riedhofcup stellte er sich gerne mal ins Tor. Er war natürlich im Verhältnis zu uns schon riesengroß und dazu auch kräftig und füllte fast das ganze Tor des Bolzplatzes aus. So schoss mein Team mehrfach allein vorm Tor an sein Bein, seinen Bauch, seinen Kopf, nur nicht ins Tor.

Immer wenn noch eine Minute zu spielen war, rief Peter: „Letzte Minute!" Es muss wirklich ein paar Sekunden vor Abpfiff gewesen sein. Elom, einer der beiden Zwillinge aus Äthiopien, lief wieder einmal allein auf Niklas zu. Der machte sich gaaanz groß und plötzlich, wie durch ein Wunder, spielte Elom den Ball auf den besser stehenden Baris ab und schoss nicht wie sonst immer selber.

Das hatte Niklas nicht erwartet. Baris brauchte nur noch den Fuß hinhalten, und das Siegtor war da. 3:2 für Brasilien. Alle stürmten auf Baris, und die Partie wurde gar nicht mehr angepfiffen. Wir waren im Finale.

Alle Zuschauer applaudierten uns, nur ein Vater beschwerte sich bitterlich bei der Turnierleitung, da einer seiner Söhne, der für die Niederlande spielte, ausgeschieden war. Das Lustige daran war allerdings, dass sein zweiter Sohn bei mir im brasilianischen Team spielte und der Vater erst nach seiner lautstarken Beschwerde begriff, dass in jedem Fall einer seiner beiden Söhne ausscheiden musste. Wir lachen heute noch gerne mit ihnen zusammen darüber, wenn uns die zwei Jungs und der Vater in der Siedlung mal über den Weg laufen.

Das zweite Halbfinale sollte noch spannender werden. Nach der regulären Spielzeit stand es sage und schreibe 5:5 zwischen Italien und

Deutschland. Also kam es zum Siebenmeterschießen. Jeweils drei Schützen pro Team. Aber auch hier war keine der beiden Mannschaften besser. Jedes Team versenkte zwei Schüsse und verschoss einen. So stand es 7:7. Nun wurden jeweils drei neue Schützen bestimmt. Kein Kind durfte doppelt schießen. Aber auch diesmal konnte kein Team einen Vorsprung erzielen. Diesmal traf aber nur jeweils ein Kind und zwei vergaben. So stand es 8:8. Es war wirklich superspannend, aber jetzt bekamen beide Teams Probleme. Da es pro Mannschaft nur acht Kinder gab und jeweils sechs schon geschossen hatten, mussten nun die ganz Kleinen ran, die vorher nicht ran gelassen wurden.

Die Kleinen hatten zum Teil einen so leichten Schuss, dass ihre Schüsse aufs Tor kullerten. Ich war mir sicher, dass auch diese Runde keinen Gewinner sehen sollte, aber ich täuschte mich.

Nachdem die ersten drei Siebenmeter ganz locker von den Tormännern mit dem Fuß gestoppt worden waren, war die letzte Schützin für Deutschland Simram, ein kleines Mädchen aus Indien. Sie trug sogar Sandalen. Der Torwart stand ganz cool in der Mitte des Tores, allerdings ca. einen halben Meter davor, was sich noch böse rächen sollte. Simram lief an, schoss und erwischte den Ball ganz unten, so dass er steil nach oben schoss, eine Art Bogenlampe machte und kurz vor der Latte wieder runter kam. Die Flugkurve war so steil, das sich der Ball genau hinter dem Torwart ins Tor senkte. Ich glaube, dass Simram gar nicht begriff, was gerade passiert war. Das war das 9:8 im Siebenmeterkrimi.

Alle Weißen jubelten und umringten Simram. Niemand hätte gedacht, dass ausgerechnet sie trifft. Der Tormann von Italien schon gar nicht, und so kassierte er das übelste Ei des ganzen Turniers. An diesem Tag habe ich gelernt, dass man niemals einen Gegner unterschätzen sollte. Nun stand es fest, das Finale lautete Brasilien : Deutschland.

Nach fünfzehn Minuten Pause zum Ausruhen für die Weißen, die ja gerade erst gespielt und wenig Zeit zum Ausruhen gehabt hatten, ging das Endspiel los. Das Besondere am Finale war, dass wirklich alle Kinder, die nicht mehr mitspielten, alle Eltern und sogar fremde Leute am Spielfeldrand zusahen. Es waren wirklich viele, und ich hatte das Gefühl, dass dieses Turnier die ganze Heimatsiedlung faszinierte. Wir waren zwar alle nur Grundschulkinder, aber es lag wirklich sowas wie Magie in der Luft. Noch eine Besonderheit neben den ganzen Zuschauern war, dass ein Erzieher aus dem Kindergarten der Heimatsiedlung, den mein Vater gefragt hatte, ob er Videoaufnahmen vom Endspiel machen könne, das ganze Spiel von der Seitenlinie aus filmte. In meiner kindlichen Fantasie fühlte ich mich wirklich wie in einem echten Finale, und ich hatte das Gefühl, es ging allen so wie mir.

Der Anpfiff ertönte und den Schiri machte der Onkel von Nelson. Er war eigentlich der Betreiber des Kiosk an der Ecke zur Fritz-Kissel-Siedlung, aber für seinen kleinen Neffen hatte er jemand anderen in den Kiosk gestellt und half hier mit. Das Spiel an sich war ein zähes Ringen. Die erste Halbzeit passierte gar nichts. Zwanzig Kinder rannten wieder in einer großen Traube als gelbweißes Knäuel durch die staubige Nachmittagssonne einem Ball hinterher. Halbzeit 0:0. Es war manchmal gar nicht möglich, den Ball irgendwohin zu schießen, so eng war es um ihn herum.

Nikolai, unser Trainer, sagte in der Halbzeit dasselbe wie im ganzen Turnier. „Nicht alle auf den Ball!" Tatsächlich wurde es in der zweiten Halbzeit besser. Aber auch die Weißen standen jetzt ordentlicher. Ihr Trainer musste ihnen wohl dasselbe in der Halbzeitpause gesagt haben. Nach zwei Minuten der zweiten Halbzeit ging Weiß in Führung. Drei Jungs rannten allein auf mein Tor zu. Der Größte von ihnen, Bekir, schoss aus zwei Metern. Ich bekam den Ball zwar noch an den Fuß, aber er war so fest geschossen, dass er von meinem Fuß an den Innenpfosten prallte und rein ging. Wieder ärgerte ich mich wie verrückt, aber ich hatte gar keine Zeit, lange zu schmollen, da das Spiel sofort weiter ging. Nach einem gescheitertem Angriffsversuch unseres Pseudosturms von Oumeyma und Safouan rannten exakt die gleichen drei Jungs in Weiß auf mein Tor zu, wie eine Minute vorher.

Ich rannte raus und warf mich quer in den Weg. Da ich nur ein kurzes Trikot anhatte, riss mir am Arm seitlich die Haut weg, aber ich hatte den Ball sicher. Die Wunde war voll Dreck und Staub, aber das störte keinen größer. Alle Kinder hatten irgendwelche Wunden. Meist an den Knien. Die zweite Halbzeit war fast um, und es waren noch ca. drei Minuten zu spielen. Es stand immer noch 1:0 gegen uns. Es gab aber noch Hoffnung. Der Onkel von Nelson pfiff eine Ecke für uns. Nach einer Ecke passierte zwar wirklich das ganze Turnier absolut nichts, aber diesmal sollte es klappen. Safouan schoss den Eckball eigentlich mehr blind, aber ganz schön fest in die Kindermeute vor dem Tor. Der Ball sprang ans Schienbein eines Weißen, und von da in die falsche Richtung ins eigene Tor. Das war das 1:1. Jetzt sollte mein Wunsch in Erfüllung gehen, denn zwei Minuten später pfiff Nelsons Onkel ab.

Siebenmeterschießen im Finale Brasilien : Deutschland, und ich stand im Tor. Die Turnierleitung kam beim Siebenmeterschießen direkt an den Strafraum, um die anderen Kinder, die sich in einem großen Halbkreis darum sammelten, soweit wegzuhalten, dass die Schützen auch genug Platz zum Anlaufen und Schießen hatten. Wieder jedes Team drei Schützen. Natürlich schickte jeder seine stärksten Spieler. Im Strafraum standen noch der Schiri und der Erzieher mit der Kamera. Es war ein irres Gefühl für mich und für die anderen Kinder bestimmt auch. Es wurde eine Münze geworfen, und Deutschland begann zu schießen. Sammy lief an und schoss, so fest er konnte, unter die Latte. Der passte perfekt, und wir lagen 2:1 zurück. Jetzt schickten wir Miguel. Es war unser bester Mann. Er lief an und schoss im Gegensatz zu Sammy ganz flach genau neben den linken Pfosten. Der Torwart hatte keine Chance. Jetzt kam der zweite Weiße. Auch er kam mit ganz großem Anlauf.

Ich war mir nicht sicher, ob ich in der Mitte stehen bleiben sollte, sprang aber einfach kurz vor dem Schuss in die linke Ecke. Irgendwie hatte ich das Gefühl, dass er dahin schießen würde. Es dauerte einen ganz kurzen Augenblick, und dann spürte ich den Ball an meiner rechten

Schulter. Von dort aus flog er über das Tor. Ich lag noch am Boden, als alle gelben Spieler auf mich sprangen.

Es stand jetzt 2:2 und wir waren am Zug. Bei dem nächsten Schützen war ich mir ganz sicher, dass er treffen würde. Gan war zwar sehr klein und dünn, aber er konnte wirklich sehr genau schießen. Er war auch der Erste, der fast keinen Anlauf nahm. Zwei Schritte und BAAAAAMMM! Der Ball klatschte an den Pfosten und ins Spielfeld zurück.

Gan schossen sofort die Tränen in die Augen, aber es blieb beim 2:2. Jetzt kam der dritte Schütze in Weiß, Berkan. Er kam aus dem gegenüberliegenden Tor, in dem er gewartet hatte, wohl um sich zu konzentrieren. Ich stellte mich in die Mitte des Tors, aber etwas vor die Linie. Berkan lief von rechts an, weil er mit links schießen wollte. Er schoss und traf mich genau ins Gesicht. Mein Kopf brannte und wurde feuerrot. Ich hatte Nasenbluten und bestimmt starke Schmerzen, aber ich spürte sie nicht vor Freude.

Wieder stürmten alle Gelben auf mich und die Blauen und Orangenen auch. Nur die Weißen waren enttäuscht und ließen fluchend die Köpfe hängen.

Wir hatten noch einen Schützen übrig. Es war Najab, der kleine Bruder von Gan, der zuvor für uns an den Pfosten geschossen hatte. Das hört sich jetzt wahrscheinlich lächerlich an, aber es muss in diesem Moment ein Riesendruck auf seinen kleinen Kinderschultern gelegen haben. Er war sehr tapfer, und man merkte ihm das eigentlich gar nicht an. Er schien wild entschlossen, das Ding zu versenken, um damit den Fehlschuss seines Bruders zu korrigieren und uns zu Champions zu machen. Er packte den Ball ganz fest in beide Hände und drückte ihn auf den Boden, als wollte er ihn dort ankleben. Er machte drei Schritte rückwärts, verlor den Ball dabei aber nie aus den Augen. Er lief an, schaute dabei aber nur auf den Ball. Najab schoss mit der rechten Innenseite in die linke Ecke, und der Torwart sprang in die rechte. TOOOOOOOOOR!!! Alle Gelben flippten völlig aus. Aber nicht nur die Kinder, nein, auch die Eltern, die Betreuer und sogar die Zaungäste.

Ich glaube, in meinem damals noch sehr jungen Leben war das der schönste Moment, den ich bis dahin je erlebt hatte.

Die Siegerehrung fand direkt danach statt. Alle Kinder stellten sich mit ihren Trainern in einer Reihe auf. Jedes Team bekam einen Pokal und jedes Kind ein Eis und einen Schlüsselanhänger.

Dazu gab es einen Fairnesspokal für Cenkay aus der dritten Klasse, der, obwohl er die meisten ganz Kleinen in seinem Team hatte, sich nie beklagte und bis zum Schluss tapfer und fair gekämpft hatte.

Ganz zuletzt durfte ich noch für meine Mannschaft nach vorne kommen und den Siegerpokal in den Siedlungshimmel heben. Diesen Moment werde ich nie vergessen. Danach ging es strahlend nach Hause in die Badewanne und zu Mamas Pfannkuchen, aber das habe ich ja schon erzählt.

Eine Woche später hatte der Erzieher die Videoaufnahmen des Turniers zusammengeschnitten und mit Musik unterlegt. Mein Vater brannte für alle Kinder eine DVD und verteilte sie in der Siedlung als Erinnerung an das Projekt. Bis heute habe ich noch viel Kontakt zu den Leuten, die damals mitgespielt haben. Oft schauen wir auf die „Riedhof-Rockers" zurück und sind uns einig, dass das eine wirklich tolle Zeit war.

„Egal wie hoch du fliegst, vergesse nie, von wo du gestartet bist."

Luca Furnari

Kapitel 2
Der erste richtige Verein
Weiss-Blau Niederrad – Erste Schritte
in der Kreisklasse

Nach zwei wunderschönen Sommern mit den „Riedhof-Rockern" wurde es für mich Zeit, in einen richtigen Fußballverein einzusteigen. Die Wahl fiel nicht schwer. Fünfhundert Meter von unserer Wohnung gab es den Verein Weiss-Blau Niederrad. Heute heißt er Weiss-Blau Frankfurt, aber das ist das Gleiche. An einem Samstagabend mitten im dicksten Winter packten mich meine Eltern warm ein und wir machten einen kleinen Spaziergang, um uns mal die Anlage anzusehen. Die Adresse war „An der Holzhecke". Das ist eigentlich nichts Besonderes und ich weiß nicht warum, aber ich erinnere mich heute noch ganz oft an diese Adresse. Die Anlage war geöffnet, aber es war fast keiner mehr da. Zwei Riesenplätze gab es, einen Rasen und einen Kunstrasen. Ein tolles nagelneues Holzvereinshaus mit Kabinen, Duschen, Toiletten usw. war auch vorhanden. Ja, man muss sagen, die Anlage war schön und neu. Das passte so gar nicht in die Heimatsiedlung, und ich begriff erst ein paar Monate später, warum hier alles so aufgeräumt und gepflegt war. Aber dazu später.

Weil wir keine Kontaktperson hatten, fragten wir einen Mann, der noch auf der Anlage mit Schneeschippen beschäftigt war. „Mein Bub ist 2004 geboren und Torwart", sagte mein Vater, ging auf den Mann zu und reichte ihm die Hand. Beide lächelten und stellten sich gegenseitig vor. Hassan war sein Name, Hassan Kir.

„Da haben Sie aber Glück gehabt, hier heute jemanden zu finden. Ich betreue gerade die F2 und das sind 2005er. Der Trainer der 2004er Mannschaft ist noch in der Winterpause. Wie heißt du denn?", fragte mich Herr Kir.

„Luca", sagte ich.

„Und du bist Torwart?"

„Ja", sagte ich.

„Da hast du dich aber früh entschieden", lachte er. „Ja hier draußen ist im Februar noch ganz wenig los. Ich bin mit meinen Jungs noch drei Wochen in der Halle. Komm am Dienstag um 17:00 Uhr in die Friedrich-Fröbel-Schule in der Melibocusstraße. Dann kannst du erst mal bei den 2005ern in die Kiste."

Meine Eltern willigten ein, und so wurde Hassan mein erster richtiger Trainer. Im Alltag betreibt Hassan einen fahrenden Hähnchengrill. Er fährt damit die großen Wochenmärkte in Frankfurt ab. Dienstags und freitags ist er immer auf dem Markt am Südbahnhof. Der ist fünfzig Meter von meiner Schule entfernt. „Kir's Grillhähnchen" macht echt die besten Hähnchen mit Pommes in der ganzen Stadt.

Die halbe Schule rennt da mittags hin und holt sich was, auch wenn man eigentlich auf dem Schulgelände bleiben soll. Wenn aber der Magen knurrt und der Hähnchenduft über den Schulhof weht, werden die meisten doch schwach.

Meine ersten Trainingseinheiten in der Halle machten immer sehr viel Spaß. In der Mannschaft waren viele Jungs aus meinem ehemaligen Kindergarten. Nach dem Training fuhren wir jedes Mal alle zusammen mit dem 61er Bus, der vom Flughafen kam, vier Stationen zurück in die Heimatsiedelung. Diese Fahrten waren natürlich sehr lustig. Der Bus war immer rammelvoll mit Fluggästen aus aller Welt, Stewardessen in Uniformen oder Arbeitern vom Rollfeld, sodass man herrlich Faxen mit und über diese so unterschiedlichen Menschen darin machen konnte.

Nach ca. vier Wochen war die Hallenzeit dann vorbei, und ich sollte zu den Größeren 2004ern ins Training kommen. Beim Trainingsstart kam ich das erste Mal zum Kennenlernen in mein neues Team. Es war sehr aufregend für mich. Der Trainer hieß Anel Beslagic. Er machte gleich einen sehr engagierten Eindruck, fuchtelte wild mit den Armen, um in dem Gewusel auf dem Platz eine Ordnung herzustellen. Ich versuchte mitzuspielen, aber man merkte doch, dass ich ganz neu war. Auch hier kannte ich schon einige Jungs aus dem Kindergarten oder aus meiner Siedlung, aber da ich erst ganz am Ende des Jahres geboren bin, waren die meisten schon ein Jahr vor mir in den Kindergarten und auch hier in den Verein gekommen. Naja, was soll's, ich spielte, so gut ich konnte, und Anel sagte nach dem Training, dass ich doch talentiert sei und er selbst früher im Tor gespielt hätte. So dauerte es ein paar Trainingseinheiten, bis ich so langsam für die ganze Bande der Torwart wurde. Ich fühlte mich sehr wohl in meinem neuen Team, sodass die ersten kleinen Erfolge nicht lange auf sich warten ließen.

Die Saison bestand eigentlich aus zweimal sieben Spielen. Wie bei den Großen gab es gegen jeden Gegner ein Heim- und ein Auswärtsspiel. Unser Team hatte sogar ein Maskottchen. Es war ein großer Hai aus Plüsch mit großen scharfen Zähnen. Er bekam den Namen „Sharky". Ich legte ihn während des Spiels in mein Tor. Mich erinnerte das immer an die Eishockeytorwarte. Mein Vater war mal mit mir bei einem Spiel der Frankfurt Lions gegen die Kassel Huskies, und der Frankfurter Torwart hatte so einen Helm mit einer grässlichen Bestie drauf an. Ich glaube, sie sollte dem Gegner Angst machen – und genau das sollte Sharky auch. Die Saison lief ganz gut. Das Spitzenteam in unserer Gruppe waren wir nicht, aber so auf Platz drei oder vier waren wir eigentlich immer.

Ich spürte langsam, dass ich besser, größer und vor allem stärker wurde. Es waren wirklich schon in dem Alter Spiele dabei, die ich für mein Team entschied. Wenn ich einen guten Tag hatte, bissen sich die gegnerischen Stürmer oft die Zähne an mir aus. Die Tore waren ja noch klein und die Spielzeit kurz. Wenn wir dann mal 1:0 führten und die Abwehr und ich gut drauf waren, war es für jeden Gegner schwer zurückzukommen, da wir immer bis zum Ende rannten und Anel uns so motivierte, dass wir bis zur Erschöpfung fighteten.

Was für mich am Anfang ungewöhnlich war, war die Tatsache, dass der Direktor unserer Grundschule, René Behrend, die Nummer Eins im Tor unserer ersten Herrenmannschaft war. Er war nicht nur unser Direktor, sondern auch noch mein Mathelehrer und eigentlich ein ganz guter Keeper. Ja, Herr Behrend hätte locker auch noch eine oder zwei Klassen höher spielen können.

Die Mannschaft von Weiss-Blau spielte zu diesem Zeitpunkt in der Kreisliga A, was ja nun wirklich nicht hochklassig war.

Bei uns in Hessen dürfte das zu diesem Zeitpunkt die elfte deutsche Spielklasse gewesen sein. Nach der 1., 2. und 3. Liga kommt die Regionalliga, dann die Hessenliga, dann die Verbandsliga usw. bis ganz runter in die Kreisklassen. Das ist in jedem Bundesland etwas unterschiedlich. In großen Städten wie Frankfurt, Köln, Hamburg oder Berlin gibt es nochmal mehr Klassen als auf dem Land, weil es viele kleine Stadtteilvereine gibt. Den erwachsenen Spielern von Weiss-Blau schien es aber trotzdem immer einen Riesenspaß zu machen, und so ging es uns ganz kleinen ja auch. Wir bolzten auch nur in der Kreisklasse rum, und das noch nicht mal ganz oben, aber wir hatten immer richtig viel Spaß. Wirklich immer, und das ist ja das Wichtigste. Ich kann heute nur jedem Kind, welches im Frankfurter Süden wohnt und sich für Fußball interessiert, raten, in diesen Verein zu kommen. Die verantwortlichen Leute dort sind mit vollem Herzblut bei der Sache.

Zusätzlich zu seinem Keeperjob trainierte Herr Behrend noch eine Bambinimannschaft aus unserem Verein, in der sein eigener kleiner Sohn mit trainierte. Die waren nochmal eine Nummer kleiner als wir und konnten gerade mal so über den Ball schauen.

So nach ca. einem halben Jahr wurde es für unseren Trainer Anel dann etwas zu viel so ganz allein. Der Verein suchte dringend einen Co-Trainer für unsere F1. Da mein Vater oft beim Training zuschaute und meine Mutter sich mit anderen Eltern um den Verkauf von Getränken und Muffins für die Mannschaftskasse kümmerte, war die Entscheidung schnell

Die Weiss-Blau Bande mit Anel, Nikolai, Sharky und mir

gefallen. Als Sozialarbeiter hatte Papa viel Erfahrung mit Kindern aus unserer Siedlung. Für sein Alter war er noch recht sportlich, was daran lag, dass er in seiner Jugend boxte und als Rettungsschwimmer bei der DLRG am Start war. Ich glaube, das war damals eine gute und wichtige Entscheidung für unser Team. Mein Vater bildete mit seiner ruhigen Art und seiner Lebenserfahrung ein gutes Gegengewicht zu dem jüngeren und doch sehr impulsiven und zum Teil hitzköpfigen Anel. Auch bei den Auswärtsspielen war es gut, dass mein Vater dabei war. Oft sammelte er drei, vier Spieler aus der Siedlung mit seinem alten rostigen BMW ein, und wir fuhren mit fünf, sechs Mann in dem total überfüllten Auto zu den Auswärtsspielen. Diese Jungs hätten sonst gar nicht spielen kön-nen, weil sie das Fahrgeld für die öffentlichen Verkehrsmittel von zu Hause gar nicht hatten.

Nach dem Spiel sah das Auto dann zwar oft aus wie Sau, aber als Sozialarbeiter war Papa das gewohnt. Ein weiterer großer Vorteil für die anderen F-Jugend-Torwarte Achtar, Toni und für mich war, dass mein Vater als Co-Trainer auch ein wenig Torwarttraining machen konnte. Das bleibt bei nur einem Trainer eigentlich so gut wie immer auf der Strecke. Er schaute sich vor dem Training oft Videos im Internet an und baute die Übungen nach.

Zuerst war es noch etwas schwierig für ihn, aber mit den Monaten bekam er immer mehr Übung. Er besorgte sich sogar das ein oder andere Trainingsgerät bei Torwart.de. Oft brachte er seinen Laptop mit auf den Platz. Es gab eine YouTube-Seite mit einem Torwarttrainer und einem jungen Torwart in unserem Alter. Die machten alle möglichen Übungen vor, und wir stellten sie nach und lernten aus ihren Tipps. Das Besondere an den Videos war, dass der Trainer seinen Torjungen immer „die blaue Mauer" nannte, weil er in jedem Video ein blaues Trikot trug. Wir Kinder konnten uns super mit „der blauen Mauer" identifizieren. So machte jede Übung Spaß, und das ist in dem Alter das Allerwichtigste. Meine Torwartkollegen und ich waren immer mit voller kindlicher Begeisterung bei der Sache. Torwarttraining in der F-Jugend bei Weiss-Blau war aber auch eine absolute Ausnahme. In der Kreisklasse waren die Vereine froh, wenn sie überhaupt Trainer für die Jugendmannschaften fanden. Das war alles ehrenamtlich und eine Menge Arbeit. Dazu ständig Diskussionen mit Eltern, warum der eigene Junge nur 35 Minuten gespielt hatte und ein anderer 40 Minuten und all dieses Theater. Wirklich ein undankbarer Job, aber ganz, ganz wichtig für die Kinder und die Gesellschaft. Ich glaube, es ist heutzutage noch schwerer geworden, ehrenamtliche Trainer und Betreuer zu finden. Die Menschen werden immer gehetzter, und die Zeit wird immer effektiver genutzt. Es ist schade, aber mir geht es ja genauso. Ich habe durch die Schule und das Training wirklich wenig Zeit, aber wenn ich sie mal habe, helfe ich meinem Vater bei seinen Projekten im Quartier oder beim Torwarttraining mit den kleinen Torwarten von Weiss-Blau, das er bis heute leitet.

Es gab zu diesem Zeitpunkt viele Menschen, die sich wie meine Mutter und mein Vater in unserem Verein einbrachten, und genau das machte ihn auch so besonders. Neben diesen tollen Leuten gab es bei Weiss-Blau Niederrad aber noch eine Besonderheit. Ich habe es am Anfang dieses Kapitels schon kurz angesprochen. Unsere Anlage war viel zu groß, zu schön und zu gepflegt für einen normalen Stadtteilverein in Frankfurt. Das lag zum größten Teil an unserem ersten Vorsitzenden Karl-Heinz Cambeis sowie den beiden ehrenamtlichen Helfern Uschi und Lothar, die sie hegten und pflegten und sie hüteten wie ihre Augäpfel. Ich glaube, ohne sie wäre das, was ich jetzt gleich erzählen werde, nie möglich gewesen.

Ich fragte mich anfangs oft, warum unsere Anlage so perfekt war, fand aber erst mal keine Antwort darauf. So nahm ich es dankbar und als gegeben hin. Eines Tages aber geschah etwas, was mir keiner glaubt, wenn er es nicht selber gesehen hat.

Mitten in einer Freitagstrainingseinheit meiner Mannschaft in der Kunstrasenbox kam plötzlich der komplette Profikader von Borussia Mönchengladbach aus unserem Kabinentrakt auf den Rasenplatz gelaufen. Das war ungefähr so, als wäre vor dem Kiosk von Nelsons Onkel in der Heimatsiedlung ein Ufo gelandet.

Meine Jungs und ich trauten unseren Augen nicht. Als dann aber Lucien Fafre, der damals Trainer der Gladbacher war, auch noch auf den Platz kam, gab es keinen Zweifel mehr. Unser Training war natürlich gelaufen. Wir standen alle am Zaun und drückten uns die Nase am Gitter der Box platt. Anel erklärte uns dann, dass unsere Fußballplätze eine neu zertifizierte Anlage des Verbandes seien und für die aktuellen Bundesligaspieltage den jeweiligen Gegnern von Eintracht Frankfurt oder dem FSV Frankfurt, der damals in der zweiten Liga spielte, bei Bedarf zum Abschlusstraining zur Verfügung gestellt würden. Zudem sei hier auf diesem Gelände, das damals noch Sandhöfer Wiesen hieß, vor fast hundert Jahren das erste Endspiel um die Deutsche Fußballmeisterschaft zwischen Nürnberg und Fürth ausgetragen worden. HAMMER!!! Jetzt wurde mir klar, warum hier alles so perfekt war. Niederrad war der Stadtteil, der von allen Frankfurter Bezirken am nächsten an der Commerzbank-Arena und somit auch an den großen Sportverbänden inklusive dem DFB lag. Es war für alle Beteiligten die ideale Lösung, aber vor allem für uns Kinder. In den folgenden Monaten kamen immer wieder Proficlubs wie Dynamo Dresden oder RB Leipzig zum Abschlusstraining vorbei. Ich beobachtete natürlich die Keeper genauer und versuchte schon damals so viel mitzunehmen und mir abzuschauen, wie möglich. Aber auch Feldspieler wie Max Kruse, Yussuf Poulsen oder Lars Stindl konnten meine Jungs hautnah beobachten. Das ist etwas, was man als Kind nie vergisst. Was mir damals besonders viel gebracht hat, war zu hören, welche Kommandos die Profi-Keeper ihren Vorderleuten in den Trainingsspielen gaben. Ich war zu diesem Zeitpunkt zwar schon einige Male mit meinem Vater im Fußballstadion gewesen, aber da war es immer so laut, dass man nur die Kulisse hörte.

So vergingen die Monate und Spiel für Spiel. Gegner waren Teams wie Germania Enkheim, mit einem roten Hartplatz, auf dem wir mal bei strömendem Regen 4:0 verloren haben. Das war unser schlechtestes Spiel, an das ich mich überhaupt erinnern kann. Dazu kamen SG Bornheim, SV Bonames, Viktoria Preußen oder die Derbys gegen TSG Niederrad und Union Niederrad. Alles Kreisklasse-A-Clubs mit Jungs wie uns aus irgendwelchen Frankfurter Siedlungen.

Das waren immer tolle Momente, aber kein Duell elektrisierte die Zuschauer, Trainer, Eltern und uns so wie die Spiele gegen Oberrad. Diese Spiele hatten mehr Derbycharakter als alle Stadtteilduelle zusammen. Zwischen Oberrad und Niederrad herrschte immer eine große Rivalität. Das lag daran, dass Oberrad meinte, einen höheren fußballerischen Anspruch zu haben und gerne eine Art Minileistungszentrum gewesen wäre. Bei Weiss-Blau Niederrad war das genau umgekehrt. Hier standen der Breitensport und die Sozialkompetenz im Mittelpunkt. Zudem waren die Kinder bei uns aus deutlich ärmeren Elternhäusern, und so hatten die Treffen auch immer was von Klassenkampf. Wie bei Real Madrid gegen Athletico oder St. Pauli gegen den HSV in Miniatur. Ich muss ehrlich zugeben, dass die Teams von Oberrad meistens besser in der Tabelle standen als wir.

Sie waren immer Zweiter oder Dritter, aber auch wenn sie es gerne gehabt hätten, die Besten zu sein, fand sich doch oft noch ein Verein, der in dem entspechenden Jahrgang stärker war. Mal war es Viktoria Preußen, mal Makkabi Frankfurt oder in der Relegation der FC Erlensee. Mein Team war eigentlich immer hinter Oberrad in der Tabelle, aber seltsamerweise konnten sie in den Spielen bei uns nie gewinnen. Ständig setzte es Niederlagen. Alle ganz knapp, aber dennoch Niederlagen. An einer hatten sie besonders hart zu knabbern. Es war ein sonniger Nachmittag im September. Oberrad zog vor dem Spiel seine übliche Show ab. Perfektes Warmmachen in Formation. Alle im traditionellen Grün-Weiß und wie aus dem Ei gepellt. Meine Jungs waren da meistens etwas chaotischer. Da fehlte auch schon mal die ein oder andere Stutze oder Vereinsjacke. Aber egal, denn wenn der Anpfiff ertönt, zählt sowieso nur auf dem Platz.

Oberrad übernahm gleich das Kommando. Nach drei, vier Angriffen gelang ihnen das 1:0. Allerdings nicht aus dem Spiel heraus, sondern durch einen Elfmeter. Mein Innenverteidiger Pavel und ich hatten den Oberräder Stürmer im Strafraum in die Zange genommen, als er gerade abziehen wollte. War ein klares Foul. Trotzdem beschwerten wir uns beim Schiri, als gäbe es kein Morgen mehr. Den Elfer schoss der Oberräder Zehner mittig unter die Latte, da konnte ich nichts machen, weil ich mich für eine Ecke entschieden hatte. Gleich nach dem Tor peitschte ich meine Bande so stark an, dass sie doch sehr unsanft aus ihrem Tiefschlaf erwachten. Meine Jungs waren eigentlich ganz gute Kicker, allerdings ließen die Disziplin und Ordnung zu oft zu wünschen übrig.

Wenn man sie aber erst mal wach bekommen hatte, gaben sie alles.

Es gab keinen besseren Weckruf als ein 0:1 gegen Oberrad und das auch noch zu Hause.

Jetzt waren wir da. Oberrad verlor plötzlich jeden Zweikampf. Als ob jemand den Grün-Weißen den Stecker gezogen hätte. Bei ihnen ging gar nichts mehr, und wir wurden von Minute zu Minute stärker. Kurz vor der Pause gelang Khalit mit einem Solo über 30 Meter der Ausgleich. Mein Gegenüber im Tor von Oberrad war Alex Wolf, der bis heute ein guter Freund und Schulkammarad von mir ist. Er war damals schon ein super Torwart, aber bei dem Ding konnte er nichts machen. Gegen die Laufrichtung und dann noch abgefälscht. Der Oberräder Trainer ging schimpfend mit dem Pausenpfiff in die Kabine.

Aber auch nach der Pause ging es direkt so weiter. Schon mit unserem ersten Angriff machte Kaddam El Jame das wirklich herrliche 2:1 für uns und das auch noch per Fallrückzieher. Was dann kam, war pure Abwehrschlacht. Fußball ist schon manchmal verrückt. Jetzt machte plötzlich Oberrad wieder Druck wie verrückt und wir kamen wirklich nicht mal mehr über die Mittellinie.

Ich hielt Schüsse im Minutentakt. Hohe, flache, Kopfbälle, direkte Freistöße und alles, was sonst so auf die Kiste kam. Die Jungs warfen sich in jeden Ball und je länger das Spiel lief, desto nervöser wurden die Grün-Weißen. Etwa fünf Minuten vor Schluss wankten wir extrem. Sie hatten gerade einen Schuss an den Pfosten gesetzt und den Nachschuss an die Latte. Jetzt war es nur noch pures Glück. Irgendwie bekamen wir die Kugel nicht mehr aus der Gefahrenzone. Es waren noch drei Minuten zu spielen plus Nachspielzeit. Ich wusste das, weil unser Trainer es mit den Fingern anzeigte. Mitten in dieser Abwehrschlacht geschah dann etwas, was uns davor noch nie passiert war. Der Schiedsrichter pfiff plötzlich viel zu früh ab. Alle Oberräder, die Eltern, der Trainer, einfach alle Grün-Weißen protestierten wie verrückt, aber es war Schluss. Ich glaube heute, der Schiri hatte sich die Stoppuhr falsch gestellt, aber das kümmerte in dem Moment ganz Niederrad einen Dreck. Der Schlusspfiff er-

Ich mit elf Jahren

tönte und alle liefen jubelnd auf den Platz. Alle Weiss-Blauen kamen zu mir gerannt und warfen sich auf mich. WIR WAREN DERBYSIEGER!!

Und da war er wieder, dieser magische Moment, den ich schon mal beim Riedhofcup gespürt hatte. Unter diesem Riesenhaufen wurde mir klar, dass dieses Spiel wohl eine ganz besondere Leistung von meinen Jungs und mir gewesen sein musste. Oberrad war so sauer, dass sie sogar das obligatorische Siebenmeterschießen, das man in der F- und E-Jugend nach jedem Spiel zum Spaß der Kinder machte, verweigerte.

Ich durfte an diesem Wochenende Sharky mit nach Hause nehmen und war am Montag darauf das erste Mal in meinem Leben in der Zeitung. Es war ein Schnappschuss, auf dem ich fliege und einen Schuss aus dem Winkel fische. „Luca Furnari (8) rettet Niederräder Sieg gegen Oberrad über die Zeit" war die Überschrift des Artikels des „Niederräder Anzeigers".

So folgte Training auf Training, Turnier auf Turnier und Monat auf Monat. Es war eine wunderschöne Zeit, weil es eine wirkliche Kindheit war. Das Torwarttraining und die ständige Spielpraxis machten sich bemerkbar, und ich spürte, wie ich stärker und stärker wurde.

Unterdessen kam das Körperwachstum. Ich wurde sozusagen im Eiltempo größer, und nach einer Weile war ich den meisten Mit- und Gegenspielern auch körperlich überlegen. Es gab zwar noch den ein oder anderen Innenverteidiger, der mithalten konnte, aber gerade die Torwartkonkurrenz verlor immer mehr an Boden. Ich spürte förmlich die wachsende Power in mir. Die Abschläge flogen auf einmal locker über die Mittellinie, und wenn ich mich beim Sprung abdrückte, hatte ich eine ganz andere Wucht als noch ein paar Monate zuvor. Wenn im Spiel gegnerische Stürmer auf mich zukamen, merkte ich förmlich den großen Respekt, den sie vor mir hatten.

Ich war für elf schon relativ groß und auf dem Feld schon immer sehr laut und dominant. Gerade wenn sie viel Zeit hatten und allein auf mich zuliefen, war ich im eins gegen eins fast immer Sieger. Ihre Nerven flatterten einfach zu oft. Du hast als Stürmer bei sowas einfach mehr zu verlieren als ein Keeper. Das ist ähnlich wie beim Elfmeter.

Diese Stärke hatte aber auch ihren Preis. Als kleiner Junge wird man bei sowas schnell übermütig und denkt, man wäre der Allergrößte. So kam es, dass man auch gerne mal vor dem Schiri eine große Klappe riskierte oder so eine Nummer brachte, wie die Folgende. Nach einem verlorenen Spiel und unzähligen, vergebenen Chancen unseres Sturms verließ ich zwei Minuten nach Abpfiff im dreckigen, verschwitzten Trikot, mit Torwarthandschuhen und in Fußballschuhen, vor lauter Wut einfach das Vereinsgelände durch den Hinterausgang.

Natürlich ohne irgendjemandem Bescheid zu sagen. So hockte ich mich mit ritzerotem Kopf in die Straßenbahn Linie 15 und fuhr ohne Fahrschein nach Hause. Später habe ich mal erzählt bekommen, sowas Ähnliches hätte Jens Lehmann auch mal gemacht. Naja, ich hatte ja damals bei den „Riedhof-Rockern" immer sein Trikot an. Vielleicht besteht da ja ein Zusammenhang ☺. Nein, jetzt mal im Ernst, mein Vater blieb im ersten Moment bei sowas immer cool. Nach solchen Aktionen setzten Anel und er mich aber immer in den darauffolgenden Spielen konsequent auf die Bank. Egal, gegen wen wir spielten, und immer die komplette Spielzeit. Das war für mich ein Horror, aber auch ein sehr guter Lerneffekt. Ich brauchte ein paar Aussetzer, bis ich das System begriff und mir Gedanken machte und verstand, dass ich da was falsch gemacht hatte. Es gab drei Punkte, die ganz, ganz wichtig waren.

Punkt eins: Niemand in einem Team ist größer oder wichtiger als der andere. Man kann Spiele nur als Mannschaft gewinnen. Da gehört jeder dazu und Extrawürste braucht kein Mensch.

Das bedeutet nicht, dass man zum ständigen Ja-Sager werden soll. Seine Meinung zu vertreten ist ganz wichtig, um seine Jungs zu leiten und auch anzutreiben, aber immer mit Respekt vor dem Anderen und vor dem Team. Das zu begreifen war in meinem Fall kein Problem. Schon auf der Straße in der Siedlung hatte ich gelernt, dass man mit anderen

Menschen respektvoll zu reden hatte, sonst bekam man auch als Kind schnell Stress mit den Älteren.

Punkt zwei: Frustrationstoleranz ist für einen Keeper ganz, ganz wichtig. Man darf Fehlern in Gedanken nicht zu lange nachhängen. Man muss sie ganz schnell abhaken, sonst kommt der nächste Fehler direkt hinterher, weil man nicht mehr bei der Sache ist. Einen großen Tormann erkennt man nicht daran, dass er keine Fehler macht, sondern daran, wie schnell er sie abhakt.

Alle Menschen machen Fehler. Auch Neuer, Buffon oder Kahn haben Fehler gemacht, um danach sofort wieder Topleistungen zu bringen. Das ist die wahre Kunst daran.

Punkt 3: Wenn einer deiner Jungs etwas verbockt hat und mental am Boden ist, nie draufhauen, sondern aufbauen. Keiner macht einen Fehler gerne, und je schneller du ihn aufbaust, desto schneller ist er wieder präsent und selbstbewusst im Spiel.

So habe ich viel in dieser Zeit gelernt. Eines Tages sagte mein Vater zu mir, dass ein Trainer vom DFB-Stützpunkt Frankfurt-Neu-Isenburg sich bei ihm gemeldet hätte und mich mal spielen sehen wolle. Das machte mich natürlich sehr stolz, aber auch etwas nervös. Mein Vater fragte mich, ob er mir sagen solle, wann er komme oder ob es mir lieber wäre, es nicht zu wissen, damit es mich nicht beunruhigt oder ablenkt. Ich wollte es wissen und das halten wir bis heute so. Wenn jemand mich sehen will, muss ich lernen, damit umzugehen.

So kam der Tag des Scoutbesuchs. Ich spielte wirklich schlecht in diesem Spiel. Leider kassierte ich ein dummes Tor und dazu noch einen Treffer, welchen ich an einem guten Tag locker gehalten hätte. Eines aber machte ich zum Glück nicht, ich hing meinen Fehlern gedanklich nicht nach. Ich hakte die Situationen sofort ab und bolzte nicht aus Frust oder Unsicherheit jeden Ball sinnlos und blind nach vorne. Nach dem Motto hoch und weit bringt Sicherheit. Nein, ich spielte ruhig und sauber hinten raus. Das war wichtig, weil es meinen Jungs wieder Ruhe und mir Selbstvertrauen gab. Am Ende gewannen wir das Spiel noch 3:2.

Der DFB-Stützpunkttrainer Christoph Juretschke kam nach dem Spiel zu mir und sagte. „Luca das war keine gute Leistung von dir heute, aber das weißt du selbst. Trotzdem konnte ich in deinen Bewegungsabläufen durchaus Potenzial erkennen. Das Wichtigste war, dass du deine Fehler schnell abgehakt und weiter Fußball gespielt hast." Ich nickte und dachte bei mir: Lag ich doch richtig. Am Montag darauf wurde ich zum ersten Mal zum DFB-Stützpunkt eingeladen.

„Bis ich Luca das erste Mal spielen sah, dachte ich immer, ich wäre der fußball-verrückteste Torwart, den ich kenne. Wie gesagt, bis ich Luca spielen sah."

Anel Beslagic – Lucas F-D-Jugendtrainer

Kapitel 3
DFB-Stützpunkt
Wo zum Talent die Technik kommt

Wahnsinn, jetzt war ich tatsächlich beim DFB angekommen. Diese Stützpunkte wurden vom DFB zur Talentförderung in ganz Deutschland eingerichtet und sollten gewährleisten, dass kein talentiertes Kind ungesehen durch das Raster fiel und somit dem Verband für die Zukunft verloren ging. Aus meinem Verein Weiss-Blau war vorher noch nie ein Spieler dazu nominiert worden. Somit war ich der erste und einzige Niederräder beim DFB. Die Jungs dort kamen von Vereinen, die schon Gruppen- oder Verbandsliga spielten. Makkabi Frankfurt, Rosenhöhe oder sogar Hessen Dreieich. Ich kam aus der Kreisklasse. Aber egal. Wie immer krempelte ich die Torwarttrikotärmel hoch und nahm mir vor, hier in einem halben Jahr eine gute Rolle zu spielen. Die Trainingseinheiten waren immer montags, und dafür bekam ich von meinem Trainer Anel frei. Was beim Stützpunkt für mich ganz neu war, war die Spielweise. Es wurde ganz viel Wert auf das Spielerische gelegt. Lange Bälle gab es gar nicht. Das hatte ich in dieser Konsequenz noch nicht gesehen, hatten wir bei Weiss-Blau doch sehr oft mit langen Bällen gespielt. Auch das vom dortigen Trainerstab geforderte Torwartspiel glich nicht dem, was ich kannte, sondern ähnelte der Spielweise eines defensiven Feldspielers. Mein Vater erzählte mir, früher hätte man diese Art zu spielen wohl von einem Libero erwartet. Mir als Torwart schmeckte das anfangs nicht so wirklich. Als Keeper willst du ja fliegen und Paraden zeigen und nicht Libero spielen. Auch Distanzschüsse gab es kaum. Es sollte alles ausgespielt werden, und oft durften die Torleute nicht mal den Ball in die Hand nehmen. Trotzdem merkte ich schnell, dass ich diese Techniken sehr gut üben musste, weil sie für meine Zukunft wichtig werden könnten. Die DFB-Trainer waren sehr gut ausgebildet und die Trainingseinheiten super strukturiert. Die Inhalte waren vom DFB vorgegeben. Ab und zu gab es sogar Lehrveranstaltungen für Trainer. Also eins war sicher, dort wusste man, was man tat, und tatsächlich wurde ich von Woche zu Woche fußballtechnisch besser. Mein linker Fuß wurde immer stärker, und meine Passgenauigkeit und -schärfe wurden besser und besser. Ich lernte den Ball links und rechts abwechselnd hochzuhalten und dabei eine Acht zu laufen.

Das war eine spezielle Technikübung, die sich im Training oft wiederholte. Als ich dort ankam, konnte ich das ganze viermal, dank dieser Ausbildung kann ich es heute viertausendmal oder anders gesagt, bis ich beim Ballhochhalten einschlafe. Das hätte ich ohne die Stützpunktschulung nie geschafft. Ich profitierte wirklich enorm von den Trainingsinhalten und meinen dortigen Trainern und bin heute sehr, sehr dankbar dafür. Das ist eine tolle Sache, und ich kann nur jedem Kind mit Talent dazu raten, sich dort fördern zu lassen. Gerade für Kinder wie mich, die aus einem unterklassig spielenden Verein kommen und dazu wie ich noch ganz spät im Jahr geboren sind, ist es fast die einzige Chance, nicht vergessen zu werden und an ein so hervorragendes Training zu kommen. Die Nachwuchsleistungszentren (NLZ) der Bundesligisten nehmen lieber Jungs, welche am Anfang des Jahres geboren sind. Dafür gibt es statistisch belegte Zahlen und es ist auch kein Geheimnis. Die Frühgeborenen eines Jahrgangs haben von der F- bis zur C-Jugend körperliche Vorteile gegenüber den Spätgeborenen. Wenn ein Kind z.B. im Januar Geburtstag hat und ein anderes Kind im Dezember des gleichen Jahres, dann liegt da praktisch ein ganzes Jahr dazwischen. Das sind in dem Alter Welten. Das gleicht sich ab der B-Jugend dann wieder aus, aber bis dahin ist in den meisten Fällen der Zug schon lange abgefahren, da viele NLZ schon in der U8 starten. Bei mir war die Körperlichkeit allerdings nie ein großes Problem. Da mein Vater 1,92 m groß ist und mein Onkel sogar 1,96 m misst, hatte ich auf der Torwartposition in punkto Größe, Athletik, Physis und Wucht eigentlich nie Probleme. Im Gegenteil, ich zählte von Anfang an zu den größten und athletischsten Spielern meiner jeweiligen Teams. Ja, ich denke, dass ich die Physis von meinem Vater geerbt habe und die Motorik und Beweglichkeit von meiner Mutter. Mama war in ihrer Jugend Profitänzerin und turnte. Sie macht heute noch ganz locker Spagat, Salto oder Flick-Flack und das mit 43 Jahren.

Eine Sache, die nur indirekt mit Fußball zu tun hat, die aber für mich zu einem Ritual wurde, hatte auch in der Zeit beim DFB-Stützpunkt ihre Entstehung. Nach dem Stützpunkttraining in Neu-Isenburg gingen mein Vater, sein Freund Salvatore, seine Tochter Selina und ich immer richtig gut essen. Selina war eins von zwei Mädchen im Stützpunkt. Sie hatte wirklich eine tolle Technik und konnte viele der gleichaltrigen Jungs locker austanzen. Als Mädchen fehlte ihr natürlich etwas Physis und das war schwer unter neunundneunzig Prozent Jungs. Sie setzte sich aber trotzdem immer gut durch, und ich glaube, sie hat eine große Zukunft vor sich. Selina bringt alles mit, was man braucht.

Sie hat Talent, ist schnell, hat eine hervorragende Technik und ist super ausgebildet. Ich drücke ihr ganz fest die Daumen. Heute spielt Selina für Eintracht Frankfurt und ist in der Frauenjugend schon eine richtige Nummer. Ihr Vater Salvatore war Hausmeister an einer Frankfurter Grundschule. Wir trafen uns immer vor dem Training in Frankfurt und fuhren gemeinsam nach Neu-Isenburg zur Trainingseinheit.

Danach suchten wir uns jedes Mal ein anderes Restaurant aus und gingen ganz gemütlich essen: griechisch, italienisch, asiatisch, Burger, Döner, Rippchen mit Sauerkraut und alle möglichen anderen Gerichte. Wir redeten und lachten immer viel, und die Zeit verging wie im Flug.

Obwohl meine Mutter täglich frisch und wirklich gut kocht, habe ich bis heute die Angewohnheit, einmal die Woche essen zu gehen. Mittwochs nach dem Training gehe ich immer in das Restaurant „Schneiders Haasekessel". Ich wechsel die Restaurants zwar nicht mehr wie in der Zeit beim Stützpunkt, weil mir dazu nach dem Training die Zeit fehlt, aber die Karte ist so gut und abwechslungsreich, dass ich immer etwas

Tolles finde. Mittlerweile kenne ich natürlich schon die Wirtsfamilie, in der der Vater noch selber und wirklich hervorragend kocht. Nach einer langen Einheit im Athletikraum mit anschließendem Torwarttraining, gefolgt von einem kompletten Mannschaftstraining, muss man seinem Körper etwas zurückgeben. Ernährung ist ganz, ganz wichtig und wird oft und gerade in der Jugend unterschätzt. Viermal die Woche Training, Schule, Spiele, Hausaufgaben, Fahrwege und dazu das Wachstum ist eine Menge. Da braucht der Körper einen Haufen guter Nährstoffe, sonst packt er das alles nicht. Zudem ist Torwarttraining heutzutage noch aufwendiger als früher, weil von einem Top-Torwart heute erwartet wird, dass er auch ein starker Feldspieler ist und mit seinem Team locker mitspielen kann. Manuel Neuer hat auf diesem Gebiet neue Maßstäbe gesetzt und das war gut so. Aber zurück zum DFB.

Eine wirklich coole Sache waren die halbjährlichen Leistungstests der verschiedenen Stützpunktspieler und -spielerinnen. Dafür mussten wir aus Neu-Isenburg in den DFB-Stützpunkt Dudenhofen kommen. Der Ablauf und die Übungen, welche wir dort machen mussten, waren immer gleich. Die erste Übung war links und rechts abwechselnd Ballhochhalten und dabei eine Acht laufen. Dann kamen 20-Meter-Sprints, wobei nach zehn und zwanzig Metern eine Lichtschranke aufgebaut war, welche die Zeiten stoppte.

Die dritte Übung war, den Ball mit einer schnellen Hüftdrehung abwechselnd an zwei Bänke zu spielen, ohne dabei ein am Boden markiertes Quadrat zu verlassen. Dann nochmal die gleiche Übung ohne Drehung. Darauf folgten Sprints mit und ohne Ball am Fuß durch einen Stangenparcours. Zum Schluss wurde man noch gemessen und gewogen. Die erzielten Ergebnisse wurden auf einem Laufzettel, den man bei sich hatte, von den jeweiligen Trainern an den Stationen eingetragen. Am Ende jedes Halbjahres bekam man dann eine „DFB Talentförderung Einzelauswertung". Darin wurde exakt mit Balkendiagrammen, Leistungskurven und Prozentzahlen angezeigt, welches Leistungsniveau man im Verhältnis zu allen anderen Stützpunktspielern seines Jahrganges erreicht hatte.

Das Leistungsprofil bestand aus den Punkten: Schnelligkeit (20 m), Antritt (10 m), Gewandtheit, Dribbling, Ballkontrolle, Balljonglieren und der Gesamtleistung. Ich möchte wirklich nicht angeben, aber meine Ergebnisse nach einem Jahr waren überragend. Der Originaltext meines Leistungsprofils lautete: „Gesamtleistung – Deine Gesamtleistung setzt sich aus den Tests Schnelligkeit, Gewandtheit, Dribbling, Ballkontrolle und Balljonglieren zusammen. Sie ist in der aktuellen Testung als sehr gut einzuordnen. Du warst besser als 93,04 % der anderen Spieler Deiner Altersklasse im DFB-Talentförderprogramm. Im Vergleich zum bundesweiten Leistungsniveau Deiner Altersklasse hast Du Dich deutlich verbessert!"

Das war schon eine Ansage. Der Vorteil an dieser Bewertung war, sie war absolut objektiv. Man war nicht von Meinungen einzelner Personen abhängig, wie das oft bei Jurys oder in der Schule bei Lehrern oder Lehrerinnen der Fall ist, sondern es zählten nur Fakten. Das Ergebnis war so schon beeindruckend, aber vor dem Hintergrund, dass ich ein Torwart war, der ja spielerisch, technisch und auch in der Schnelligkeit oft Nachteile gegenüber Feldspielern hat und eher bei Sprungkraft, Explosivität und Athletik punktet, war das Ergebnis ein echter Hammer. Zudem war ich mit meinem Geburtstag am 21.12.2004 natürlich in allen Stützpunkten ganz Deutschlands einer der Allerjüngsten des 2004er Jahrgangs. Für mich war dieses Ergebnis nochmal ein ganz klarer Motivationsschub, hatte ich doch jetzt schwarz auf weiß, was ich davor schon in den Trainingseinheiten und Spielen merkte. Ich wurde immer, immer stärker. Ich wurde immer, immer scheller und ich bekam immer mehr Spielerfahrung.

Auch die technischen Fähigkeiten explodierten förmlich. Als ich im Stützpunkt anfing, kannte ich ein paar Basics des Torwartspiels, als ich aber den Stützpunkt verließ, hatte ich auch die technischen Feinheiten

Nach meinem ersten Training beim DFB in Frankfurt

im Gepäck. Obwohl die Entwicklung eigentlich in allen Bereichen rasant vorwärts ging, war mein Wachstum in dieser Zeit noch das Beste von allem.

Laut Messungen wuchs ich ca. zwei Zentimeter pro Halbjahr, und das war ein ganz großer Vorteil für mich. Gerade bei hohen Bällen aus dem Spiel heraus oder bei Standards war eine gute Torwartgröße wichtig. Ich merkte damals bei Spielen oft, dass ich gegen die Torjungs der Gegner schon Größenvorteile hatte. Damals hatte ich sogar oft Bedenken, dass ich vielleicht sogar zu groß werden könnte. Wenn man als Erwachsener so bei über zwei Metern landet, ist man schon eher jemand für Basketball. Ich persönlich halte so um die 1,90 Meter für die Idealgröße, die ein Keeper braucht. Dann hat er Lufthoheit und Physis, bleibt aber geschmeidig und ist schnell unten, wenn es nötig ist. Aktuell bin ich 16 Jahre und 1,88 m groß. Da man etwa bis zum 19. Lebensjahr wächst, denke ich, läuft das bei mir perfekt.

In der Phase kam auch das erste Mal eine besondere Form des Dehnens in meinen Trainingsplan. Anel, mein Trainer, riet mir, vor dem Training immer 15 Minuten Dehnübungen zu machen. Er war ja selber Torwart und meinte, wer so schnell wächst wie ich, der müsse sich ständig dehnen, um geschmeidig zu bleiben.

Mir kam das entgegen, da ich mich für alles, was mich besser machte, automatisch interessierte. Ich ließ mir von verschiedenen Trainern aus unserem Verein und im Stützpunkt sowie meinem Sportlehrer Dehnübungen zeigen und machte sie zu Hause jeden Morgen und Abend nach. Bei diesem Rhythmus erzielte ich auch auf diesem Gebiet schnelle Fortschritte. Nach ca. drei Monaten konnte ich schon Spagat und kam bei gestreckten Beinen mit dem Kopf locker an die Knie.

In dieser Entwicklungsphase zeigte auch zum ersten Mal ein größerer Club Interesse an mir. Der SC Hessen Dreieich hatte mich wohl beim Training im Stützpunkt oder bei Turnieren mit Weiss-Blau spielen sehen und ein Auge auf mich geworfen. Am Anfang bemerkte ich nichts davon, aber der Vater eines Teamkollegen kannte den Scout aus Dreieich. Als er dann öfters bei unseren Spielen auftauchte, fiel auch mir auf, dass er mich im Blick hatte. Als Spieler merkst du irgendwie, wenn du bei jemandem auf dem Zettel stehst. Für mich war das der ideale Zeitpunkt. Ich war topfit, die klare Nummer eins und hatte meine Jungs in der Abwehr gut sortiert und im Griff. Jetzt wurde es langsam ernst und ich realisierte, dass ich, wenn ich sportlich den nächsten Schritt machen wollte, mich zumindest auf Vereinsebene von meinem Team würde trennen müssen. Privat und in der Schule hätte ich die meisten ja noch bei mir, aber es war trotzdem eine schwere Entscheidung in diesem Alter. Doch dazu später.

Mit Weiss-Blau spielten wir oft Turniere bei Union Niederrad oder JUZ Fechenheim. Das machte riesig Spaß, aber die Gegner waren meistens auf unserem Niveau und der Anspruch war überschaubar. Eigentlich sollte das in der Kindheit, also in der G-, F- und E-Jugend und vielleicht sogar noch im ersten Jahr D-Jugend immer so sein. Es ist falsch, zu früh auf Leistung zu gehen. Der Spaß muss in der Kindheit im Vordergrund stehen. Dieser Spaß am Spiel ist später das Benzin, das man braucht, um durchzukommen.

Die Turniere der Stützpunkte waren da schon deutlich anspruchsvoller und besser besetzt als die des Vereins. Ja, wir waren jetzt zweites Jahr D-Jugend, und jeder Kreis stellte Auswahlteams zusammen, welche auf Leistungsvergleichsturnieren gegeneinander antraten. Dazu wurden diese Turniere mit D-Jugendteams aus den Nachwuchsleistungszentren der Umgebung aufgefüllt. So spielte man plötzlich gegen Wehen Wiesbaden oder die Offenbacher Kickers. Da war dann schon mehr Tempo und Pfeffer drin. Als Torwart hatte man da im wahrsten Sinne des Wortes alle Hände voll zu tun.

Wenn man gut drauf war, konnte man sich zeigen, denn es waren immer Scouts von starken Vereinen da. Ich glaube, ich spielte diese Turniere immer ganz gut und vor allem motiviert. So kam es, dass sich der

DFB-Auswahlteam vom Stützpunkt Frankfurt Neu-Isenburg

SC Hessen Dreieich noch stärker für mich interessierte und mich tatsächlich zu einem Probetraining einlud. Für mich war das eine tolle Chance. Der Verein spielte mit der ersten Mannschaft in der Regionalliga Südwest, war ambitioniert und zu diesem Zeitpunkt absolut angesagt. So fieberte ich meinem Probetraining entgegen und war gespannt, wie es laufen würde.

Neben dem Fußball bahnte sich für mich jetzt langsam auch schulisch eine große Veränderung an. Meine Grundschulzeit war wunderschön. Alle Kinder waren aus unserer Heimatsiedlung oder der benachbarten Fritz-Kissel-Siedlung. Viele kannte ich sozusagen aus dem Sandkasten. Wir hatten immer tolle, bunte Schulfeste mit Multi-Kulti-Musik und Tanz. Dazu gab es wirklich Essen aus aller Herren Länder. Jeder brachte etwas mit und so probierte man Sachen, deren Namen man nicht mal aussprechen konnte. An besonderen Tagen gab es einen Flohmarkt und

Die Kinder der Riedhofschule: meine Freunde Anis, Khalid, Toni, Bardia, Henok, Nikos und ich beim Speed-Stacks-Run

eine Tombola. Dazu verschiedene Wettbewerbe wie Dosenwerfen, Kirschkernweitspucken oder einen Speed-Stacks-Run mit kleinen Preisen.

Dazu war ein Spieleparcours mit Stempelkarten für die einzelnen Stationen aufgebaut. Einmal hatten wir sogar einen Popcornwagen, der Musik machte, wenn man an einer Kurbel drehte. Für uns Kinder war das der Renner.

Zu der tollen Schule hatte ich zum Glück auch die passende Lehrerin. Frau Zervos ist ihr Name. Sie konnte prima mit uns Kindern umgehen, und ich glaube, ich hatte mich damals sogar etwas in sie verliebt, wenn man das in dem Alter so nennen kann. Das Abgefahrenste an dieser Schule war aber zweifellos die Tatsache, dass mein Direktor und Mathelehrer der Torwart der ersten Mannschaft von Weiss-Blau Niederrad war. Aber das erzählte ich ja bereits.

Naja, diese Schulphase meines Lebens stand jetzt vor dem Ende. Da ich zu diesem Zeitpunkt ein ganz guter Grundschüler war, schlug mich Frau Zervos für das Gymnasium vor. Es gab drei verschiedene im Umkreis von fünf Kilometern.

Das Freiherr-vom-Stein-Gymnasium hatte Italienisch als zweite Fremdsprache und lag direkt am Südbahnhof in Sachsenhausen, drei Busstationen von der Heimatsiedlung entfernt. Somit war die Entscheidung schnell gefallen.

Wie bei allen Gymnasien in Frankfurt waren auch hier über eintausend Schülerinnen und Schüler an dieser Schule. Wenn man da in die 5. Klasse kommt, rennen an der gleichen Schule Jungs und Mädels rum, welche die 13. Klasse besuchen. Da wird auf dem Schulhof geknutscht und vor der Schule geraucht. Ist am Anfang schon etwas ganz Neues für so Ex-Grundschulknirpse, wie wir es ja doch noch waren. Also rückblickend standen mit dem Wechsel der Schule und des Vereins doch große Umbrüche für mich an. Aber egal, so wie ich die Herausforderungen meines Lebens vorher auch schon immer angegangen war, so hielt ich es diesmal auch. Ärmel hochkrempeln und rein ins kalte Wasser. Da lernt man doch am schnellsten Schwimmen.

„Der Spaß muss in der Kindheit immer im Vordergrund stehen. Dieser Spaß ist später das Benzin, das man braucht, um durch- zukommen."

Nikolai Furnari – Lucas Onkel

Kapitel 4

Der Abschied

Mit Messi, Neymar, Ter Stegen und Co.

Der Tag des Probetrainings kam und ich war bereit. Ich wusste, dass der SC Hessen Dreieich viele gute und bekannte Trainer hatte, von denen einige selber mal Bundesligaprofis waren. Die meisten bei Eintracht Frankfurt, aber auch beim 1. FC Kaiserslautern und sogar bei Bayern München. Im Vorstand saß Karl-Heinz Körbel, der den Spitznamen „der treue Charly" trägt, weil er mit 602 Bundesligaspielen Rekordbundesligaspieler ist und alle seine Einsätze für denselben Verein, Eintracht Frankfurt, absolvierte. Dazu hat er viermal den DFB-Pokal und sogar einmal 1980 den UEFA-Pokal, der heute Euro-League heißt, gewonnen. So etwas gibt es heute nur noch ganz selten. Auf meiner Position fällt mir da natürlich sofort Gianluigi Buffon ein. Auch er ist eine absolute Legende und hat Ewigkeiten für Juve gespielt. Anders als Charly Körbel ist er aber für eine Saison zu Paris Saint-Germain gewechselt, was seinem Legendenstatus als Weltmeister und Welttorhüter natürlich nichts an Größe nimmt. Aber zurück nach Dreieich.

Obwohl ich etwas nervös war, ging ich doch wie eigentlich immer in meinem Leben sehr optimistisch und selbstbewusst an die Sache ran. Schließlich hatte ich immer volle Power trainiert, oft gut gespielt und so bekam ich viel Lob und Anerkennung von meinen Mitspielern, Trainern sowie den Eltern. Selbst Gegenspieler zollten mir ab und zu Respekt, indem sie klatschten oder den Daumen hochstreckten, wenn ich einen schweren Ball parierte, was mich besonders freute und schon in diesem Alter für ihre Größe sprach. Das Trainingsgelände von Hessen Dreieich war wunderschön und nagelneu. Im linken Teil der Anlage befand sich ein kleines, aber sehr schickes Regionalligastadion mit einem tollen Rasen und sogar zwei Videotafeln. Im rechten Teil der Anlage waren der Kunstrasenplatz und dazu zwei Boxen für kleinere Spielformen. Dazu gab es noch eine stabile Bühnenkonstruktion für Feierlichkeiten und einen dreieckigen Kinderspielplatz. Auch die Umkleiden waren noch fast ungebraucht. Es gab einen Physioraum und einen modernen Aufenthaltsraum mit Küche und bequemen Sitzgelegenheiten. Dieser Raum wurde bei Spielen der ersten Mannschaft als VIP-Raum genutzt, und nach den Spielen hielt der Verein dort seine Pressekonferenzen ab.

Vor der Kabine standen ein Getränke- und ein Snackautomat. Alle Räume waren supersauber und wie aus dem Ei gepellt. Kurz gesagt, ich sah, wenn ich das Probetraining gut hinbekommen würde, den nächsten Schritt zu meinem großen Ziel Bundesliga vor mir.

Als ich ankam, saß die U14 Mannschaft bereits in der Kabine. Es waren natürlich auch zwei Torhüter da, die dem Verein schon ein paar Jahre angehörten. Der Trainer begrüßte mich kurz, ich stellte mich der Mannschaft vor, und einer der beiden Torwarte wurde vom Co-Trainer dazu bestimmt, mir zu zeigen, wie, wo und wann hier alles lief. Er war sehr freundlich und machte mit mir einen kleinen Rundgang über das Gelände. Es war wirklich ein komisches Gefühl, schließlich war ich hier, um der neue Torwart zu werden und somit ein Konkurrent, aber ich begriff schnell, dass es bei Dreieich sowieso nur auf die Leistung ankam, und das wusste mein Torwartkollege auch. Wenn die zwei etablierten Torjungs hier einfach besser waren, konnte ich einpacken und das zu recht. Zehn Minuten später stand ich mit der kompletten Mannschaft auf dem Platz. Die Übungen waren schneller, präziser, und die Spieler waren disziplinierter als bei Weiss-Blau. Dazu hatten alle genau dieselbe Trainingsbekleidung. Das gab es bei Niederrad zwar auch, aber da wurde hin und wieder auch gerne mal im Messi- oder Ronaldo-Trikot trainiert. Das sah man da nicht so eng. Hier war das offensichtlich anders.

Als neuer Spieler ist es wichtig, sich so schnell wie möglich die Namen seiner Mitspieler einzuprägen. Als Torwart muss man auch im Training dirigieren, sich anbieten oder auch mal einen Spieler loben oder zurechtstutzen. Das geht leider nur richtig, wenn man seine Jungs ansprechen kann. Hat man die Namen nicht drauf, probiert man es mit „HEY!" oder „GUT, JUNGE!" Die erste Trainingseinheit bestand aus Athletiktraining und Schusstraining. Ich kam ganz gut mit. Die Fitness war da, und beim Schusstraining zwischen den Pfosten brauchte ich auch die Namen der Spieler nicht zu kennen. Hier war es wichtiger, so schnell wie möglich zu erkennen, mit welchem Fuß der jeweilige Spieler schoss und welche Schusstechnik er bevorzugte. Am Ende des Trainings rief der Trainer mich zu sich und holte meinen Vater dazu, der von der Seitenauslinie das Training verfolgt hatte. Er sagte: „Ihr Junge ist auf jeden Fall ein Guter. Ich habe zwar schon zwei Torwarte, aber Luca können wir trotzdem gut gebrauchen." In die Runde gesellte sich dann noch der Jugendleiter und sagte, dass er die Idee hätte, mich einen Jahrgang höher einzusetzen.

Dort hätten sie zwar sogar schon drei Torwarte, aber er könne sich vorstellen, dass ich mich dort schnell entwickeln würde und viel lernen könnte. Wir redeten am gleichen Abend in der Familie über das Angebot und ich beschloss, es zu versuchen.

Da gerade die Hinrunde fertig war, wechselte ich zur Winterpause zum SC Hessen Dreieich. Die Verantwortlichen meines alten Vereins waren sehr stolz auf mich und legten mir keinerlei Steine in den Weg, ganz im Gegenteil. Alle wünschten mir Glück und drückten mir die Daumen für meinen weiteren Weg.

Der Abschied von Weiss-Blau war für mich keine leichte Sache. Ich hatte hier wunderschöne Jahre gehabt. Viele Freunde von mir spielten und spielen noch heute dort. Zu meinem Glück bahnte sich allerdings im Vorfeld etwas an, was zwar mit meinem Weggang vom Verein nichts zu tun hatte, aber meiner Zeit bei Weiss-Blau Niederrad einen unvergesslichen Schlusspunkt setzen sollte.

Schon seit Wochen bekam ich mit, dass Anel und mein Vater mit einigen Arbeitskollegen, die auch Sozialpädagogen oder Erzieher waren, etwas noch ganz Geheimes planten. Auch das eine oder andere Elternteil meiner Teamkollegen kam neuerdings bei uns zu Hause vorbei, was zuvor eigentlich nicht vorkam. Komischerweise kamen sie auch immer genau dann, wenn Anel und mein Vater auch gerade da waren. Das ging wirklich ein paar Wochen so. Eines Abends rückte mein Vater endlich mit der Sprache heraus. Er rief mich zu sich und sagte „Setz dich mal, mein Bub." Ich wusste sofort, dass er jetzt etwas über das große Geheimnis sagen wollte. Er fragte „Na, Tiger, was hältst du davon, wenn deine Bande und du mal Messi besuchen könntet?" Ich lachte natürlich, weil ich es für einen Witz hielt. Als ich aber meinem Vater in die Augen sah, wusste ich, er meint das ernst. Naja, die Reaktion kann sich jeder denken. Ich war völlig aus dem Häuschen und drückte meinen Vater und wollte ihn gar nicht mehr loslassen.

In den letzten Monaten hatten Anel und Eltern aus dem Team mit Hilfe meines Vaters und seiner Kollegen tatsächlich eine Mannschaftsfahrt nach Barcelona organisiert. Das allein war schon fantastisch, aber dazu sollte noch ein Besuch eines Spiels im Camp Nou zu Messi und seinen Jungs kommen. HAMMER!!!

Ziel war es, den Kindern von Weiss-Blau ein wirklich einmaliges Erlebnis zu ermöglichen und sie ein bisschen aus ihrem Alltag zu entführen. Die Fahrt, die Jugendherberge, die Verpflegung und natürlich der Eintritt ins Stadion – alles zusammen durfte nicht mehr als 300 Euro pro Person kosten. Da sehr viele Kinder aus unserem Team aus der Heimatsiedlung oder der Fritz-Kissel-Siedlung kamen, war das sehr, sehr viel Geld für die Eltern.

Aber es war allen klar, dass diese Fahrt eine einmalige Sache für ihre Kinder werden würde. Irgendwie schafften es fast alle, das Geld aufzubringen, auch wenn ich heute glaube, dass einige Eltern freiwillig etwas mehr in den Topf gegeben hatten, damit auch Kinder, deren Eltern nicht die volle Summe aufbringen konnten, daran teilhaben konnten. Das war eigentlich typisch für unsere Siedlung. Die Menschen waren zwar aus ganz einfachen Verhältnissen und alles andere als wohlhabend, aber sie hielten, wenn es darauf ankam, immer fest zusammen. Die Erwachsenen, Pädagogen und Trainer trugen ihre Kosten selbst und betreuten und begleiteten uns alle ehrenamtlich. So starteten wir tatsächlich mit 16 Jungs und einem Mädchen des 2004er Jahrgangs sowie sieben erwachsenen Betreuern in Richtung Barcelona. Weiss-Blau Niederrad war ja dafür bekannt, ein sehr sozial engagierter Verein zu sein, aber sowas war selbst hier ein ABSOLUTES Highlight.

Die Anreise nach Spanien war genau so, wie man sich das vorstellt, wenn 17 total glückliche, aufgekratzte und nervöse elfjährige Kinder nach Spanien zu Messi reisen dürfen. Absolutes Halligalli. Viele Kinder waren zuvor noch nie in einem anderen Land gewesen. Manche spielten auf der Fahrt Quartett oder aßen Chips und tranken Fanta oder Sprite und fühlten sich dabei cool und wie die Allergrößten. Wieder andere kletterten über die Sitze und Lehnen. Es ging drunter und drüber. Die mitgereisten Betreuer waren aber alle Profis und konnten damit gut umgehen. Als sich alle Kinder ausgetobt hatten, schliefen die meisten ein, was gut war, denn dann wurde die Reise nicht so lang und man war morgens fit. In Barcelona angekommen, inspizierten wir erst mal die Zimmer der Jugendherberge. Das Brutale war, es waren tatsächlich Zwölfbettzimmer. Jeweils sechs Doppelbetten pro Zimmer. Da war Einschlafen fast unmöglich, aber das merkte ich erst am Abend. Im Moment waren wir alle ausgeschlafen und unser großes Spiel stand bevor.

Nach zwei Stunden Eingewöhnung und einem Mittagessen, das aus Spagetti mit Ketchup bestand, ging es langsam los. Die Straße, die zum Stadion führte, war ewig lang. Wir liefen fast eine ganze Stunde, aber je näher wir kamen, desto mehr Fans sammelten sich an den beiden Straßenrändern. Wir wunderten uns darüber, aber plötzlich wurde uns klar warum. Ein Jubel brach langsam aus und wurde immer lauter. Da bemerkten wir, dass der Mannschaftsbus mit allen Barçastars gerade an uns vorbei zum Stadion fuhr. Wir winkten natürlich alle, aber da die

Scheiben getönt waren, konnten wir leider niemanden richtig erkennen. Das war alles schon sehr aufregend. Als das Stadion endlich am Horizont auftauchte, waren alle geflasht. Aber all das war gar nichts gegen den Anblick, der sich uns bot, als wir aus dem zehnstöckigen Treppenhaus zum ersten Mal die Ränge dieser Arena betraten. Wir saßen ganz, ganz oben im Camp Nou. Das waren die günstigsten Plätze, aber diese Aussicht war wirklich atemberaubend. Da es ein Achtelfinalspiel im Copa del Rey war und zusätzlich noch das Stadtderby gegen Espanyol Barcelona, war die Bude mit 99.354 Zuschauern natürlich pickepackevoll. Ich bekomme sogar jetzt gerade beim Schreiben wieder eine Gänsehaut, wenn ich an diesen Moment denke. Da war er wieder, dieser magische Moment, den ich nur beim Fußball spüre und von dem ich euch schon so oft erzählt habe.

Die Ränge waren so hoch und so steil, dass man wirklich fast Höhenangst bekam, wenn man runter blickte. Im Fernsehen kommt das nicht so rüber, aber diese Tribünen sind wirklich extrem steil. Dazu zwei riesige Videowände an beiden Seiten der Kurven.

Wir brauchten alle ein paar Minuten, um das zu verarbeiten. Krasser geht es wirklich nicht. Aber sofort kam das nächste Highlight. Die Spieler kamen nacheinander und einzeln aus den Kabinen. Nur Ter Stegen war schon auf dem Platz und wurde vom Torwarttrainer warm geschossen. Luis Suárez, Andrés Iniesta, Gerard Piqué, Neymar und als Zehner Lionel Messi und dann der Rest der damals besten Mannschaft der Welt. Espanyol Barcelona lief auch ein, und obwohl sie hier in der Höhle des Löwen spielten, kamen sie mit breiter Brust und entschlossenem Blick aufs Feld. Das hat mich schon beeindruckt und ich hatte großen Respekt vor beiden Teams.

Dann kam der Anpfiff: Von Anfang an übernahm Barça das Kommando. Die Qualität der Spieler war Wahnsinn. Die Pässe kamen alle haargenau, flach und fest. Kaum ein Spieler lief mit dem Ball am Fuß, nein, sie ließen den Ball laufen. Der Plan von Espanyol war klar. Tief stehen und mit zwei schnellen Stürmern auf Konter lauern. Sicher war das Piqué und seiner Abwehr auch klar, trotzdem standen sie extrem hoch. Das sollte sich rächen. Bei einem Konter von Espanyol liefen plötzlich zwei Spieler des Außenseiters auf Piqué zu. Von halblinks kam der Pass in den freien Raum auf Calcedo, dem Neuner von Espanyol. Der lief allein auf Ter Stegen zu und konnte sich die Ecke aussuchen. Ter Stegen spekulierte noch etwas und sprang von sich aus gesehen nach rechts. Calcedo schoss aber flach in die linke Ecke. Tor zum 1:0 in der 9. Minute für den Underdog. Keine Chance für den Keeper.

Jetzt war Barça wach und machte ernst. Messi übernahm sofort nach dem Anstoß die Initiative und zog das Kombinationsspiel vor dem gegnerischen Strafraum auf. Obwohl Espanyol ständig versuchte, in die Zweikämpfe zu kommen, berührten sie minutenlang nicht den Ball. Sie kämpften wirklich mit allem, was sie hatten, aber sie hatten einfach keine Chance. Nach 15 Minuten stand es dann schon 1:1 durch einen millimetergenauen Pass von Iniesta genau in die Füße von Messi, der allein am Elfmeterpunkt lauerte und dem Espayol-Keeper Pau Lopez keine Chance ließ.

Beim Ausgleichstreffer kochte das Stadion fast über vor Jubel, und in dem Moment saßen wir wirklich alle zusammen in dem größten Hexenkessel der Welt.

Jetzt lief das Spiel dreißig Minuten auf ein Tor und kurz vor der Halbzeit schlug Messi erneut zu. Es war ein Freistoß ca. fünfundzwanzig Meter halbrechts vom Tor. Der Maestro legte sich den Ball minutiös genau zurecht, nahm Anlauf und ballerte das Ding volle Power direkt unter die Latte. Pau Lopez sprang zwar ab, aber die Kugel prallte von der Unterlatte einen halben Meter hinter der Linie in die Kiste. TOOOOOOOOR!!!

Wieder flippte das ganze Stadion völlig aus. Nur den Spielern von Espanyol sah man die Enttäuschung und Ratlosigkeit an, als ihre Blicke und Köpfe nach dem Einschlag fast synchron zu Boden sanken. Es hatte so gut für sie angefangen und jetzt der Rückstand ganz kurz vor der Halbzeit. Was wollten sie machen? Dieser Messi war einfach nicht zu verteidigen.

Ich als Torwart beobachtete neben dem Spiel vorne auch immer Ter Stegen ganz genau. Zu halten bekam er in der ersten Halbzeit eigentlich gar nichts, trotzdem war er perfekt ins Spiel eingebunden. Durch seine präzisen Flugbälle mit beiden Füßen, die weit über die Mittellinie und immer exakt auf einen Mitspieler kamen, entschied er mit dem ersten Ball, über welche Seite das Kombinationsspiel aufgebaut werden sollte. Dieses Torwartspiel war völlig anders als das, was ich bisher in Deutschland gesehen hatte, und es beeindruckte mich sehr. Seitdem übe ich jeden Tag Flugbälle mit rechts und links.

Die zweite Halbzeit begann genau wie die erste, endete mit einem Tor für Barça, nur dass diesmal Piqué das Tor machte anstatt Messi. Wieder kam der Pass von Iniesta auf Messi, der zur linken Grundlinie durchgebrochen war.

Der Argentinier passte den Ball scharf in die Mitte, und Piqué drückte den Ball über die Linie. Piqué war zwar nicht so flink und genial wie sein Zehner, aber für einen Abwehrspieler trotzdem ein hervorragender Techniker und sehr eleganter Spieler. Jetzt war der Deckel drauf. 3:1 für Barça. Davon würde sich Espanyol nicht mehr erholen. Das gab mir die Zeit, Ter Stegen noch deutlicher zu beobachten. Das war perfekt für mich, weil ich mir viele Sachen abschauen konnte. Ich nahm mir fest vor, sie so lange zu trainieren, bis ich sie genauso gut drauf hatte wie Marc-André. Zusätzlich nahm ich natürlich auch Pau Lopez, den Torwart von Espanyol weiter unter die Lupe. Der hatte schon deutlich mehr zu tun, als sein deutscher Torwartkollege auf der anderen Seite, aber ich fand, er machte gerade auf der Linie seine Sache gut.

Pau Lopez lieferte sich gerade ein kleines Privatduell mit Luis Suarez, der ihn schon während des ganzen Spiels provozierte. Den Stürmer aus Uruguay schien zu nerven, dass er bis jetzt noch kein Tor erzielt hatte und das Spiel irgendwie an ihm vorbei lief. Zudem stieg im Laufe des Spiels Pau Lopez beim Aufstehen nach einem Gerangel im Strafraum Messi auf den Knöchel, was die Stimmung noch mehr aufheizte.

Um die Lage zu beruhigen, nahm Barça jetzt deutlich Tempo aus dem Spiel, und Messi spazierte jetzt mehr über den Platz, als dass er rannte. Sie ließen den Ball und den Gegner laufen. Espanyol kam kaum noch an den Ball. Da sie sich aber nicht einfach so in ihre Niederlage fügen wollten und schon gar nicht im Derby, wurde ihr Spiel härter. Es muss frustrierend sein, wenn du immer nur hinterher läufst. Die Folge waren zwei rote Karten für Perez und Diop wegen wiederholten Foulspiels und Meckerns. Mit neun Mann im Camp Nou war es nur eine Frage der Zeit, wann das nächste Tor fiel. Auch wenn Barça jetzt komplett das Tempo rausnahm, setzte Neymar mit seinem 4:1 den Schlusspunkt. Es war zwar kein wichtiges Tor mehr, aber dafür ein wunderschönes. Der Ball wurde von Messi in den Strafraum gechipt, und Neymar nahm ihn direkt mit dem rechten Außenrist an und schoss ihn ansatzlos als Volley ins rechte Eck des Espanyol-Tors. Wirklich traumhaft schön!

Unterm Strich war es ein tolles Spiel, in dem Espanyol nur in der ersten halben Stunde eine Chance hatte, aber alles gegen einen überlegenen Gegner mit einem genialen Zehner gegeben hatte. Es gab fünf Tore, zwei rote Karten und ein ausverkauftes Stadion mit Bombenstimmung. Dazu siebzehn Kinder und sieben Betreuer, die zwei Stunden am Stück den Mund nicht mehr zu bekamen.

Als das Spiel fertig war, besuchten wir noch den Barça-Fan-Store neben dem Stadion, und Thomas, einer der Betreuer, hatte an einer Fanartikelbude für jedes Kind eine Plastikvuvuzela gekauft, was aus der Sicht seiner Kollegen im Nachhinein ein großer Fehler war. Siebzehn Kinder, die in eine spanische Jugendherberge sehr spät und aufgedreht aus diesem Stadion nach einem solchen Spiel, bewaffnet mit FC Barcelona-Vuvuzelas in Zwölfbettzimmer zurück kommen ... Da kann sich jeder ausmalen, was da los war. Die halbe Nacht machte in dieser Ju-

gendherberge keiner wirklich ein Auge zu. Immer wenn gerade etwas
Ruhe einkehrte, fing wieder einer an zu lachen oder zu tröten. So gegen
3:00 Uhr morgens ist dann aber doch auch der Letzte vor Müdigkeit ein-
gepennt.

**2004er Weiss-Blau Frankfurt Jahrgang mit Betreuer vor Camp Nou in
Barcelona.**

Am nächsten Morgen waren natürlich alle todmüde, und wir hatten
den zweiten Tag in Barcelona. Mein Vater schlug vor, in die Stadt zu
fahren und uns die Rambla und das Christoph-Kolumbus-Denkmal anzusehen. Kolumbus – auf Spanisch Cristóbal Colón – war für uns Kinder
natürlich ein Begriff, aber Rambla ganz sicher nicht. La Rambla ist eine
große Einkaufsstraße in der Innenstadt, die von einem riesigen Platz,

Zimmer Nummer eins nach dem Straftraining am Strand

der Plaça de Catalunya aus hinunter zum Meer führte. Auf dem Weg zum Hafen, wo die Christoph-Kolumbus-Statue zu Ehren seiner Entdeckung Amerikas steht, gab es zahllose Verkaufsbuden, in denen man wunderbar seine paar Cent Taschengeld für Andenken oder besser gesagt Plastikkitsch auf den Kopf hauen konnte. Von Barcelona-Magneten über Catalunya-Jojos bis hin zu aufblasbaren Kolumbus-Plastikfiguren war alles am Start und wurde mit Vergnügen gekauft. Auch dieser Tag war für uns alle ein wirklich schönes Erlebnis nach dem fantastischen Abenteuer des Vortags.

Am dritten und letzten Tag mussten ich und neun weitere Jungs aus meinem Zimmer schon um sechs Uhr morgens aufstehen, da wir zuvor, mitten in der Nacht, auf die Idee gekommen waren, in das benachbarte Zimmer zu schleichen. Wir hatten uns alle Bettlaken über den Kopf gezogen und ließen über das Handy Geistergeheule abspielen. Da unsere

Trainer das um die Zeit natürlich nicht so toll fanden, durften wir im Morgengrauen eine extra Trainingseinheit absolvieren, auf die wirklich keiner Bock hatte. Als Strafe hatten sich die Trainer überlegt, an den Strand zu gehen, um dort im nassen Sand mit uns zu trainieren. Obwohl es als Denkzettel für unsere Bettlakenaktion gedacht war, wurde daraus für uns ein Riesending, da einige Spieler noch nie zuvor am Meer gewesen waren oder am Strand Fußball gespielt hatten. Nach dem Training durften wir uns als Belohnung im kalten Meereswasser abkühlen und ein bisschen schwimmen.

Danach hieß es Abschied nehmen von dieser fantastischen Stadt und zurück nach Hause. Die Rückreise war genauso turbulent wie die Hinreise, aber irgendwie merkte man uns allen an, dass wir gemeinsam etwas ganz, ganz Besonderes erlebt hatten. Diese Tage haben in mir wirklich so tiefe Eindrücke hinterlassen, dass ich heute sagen kann, ich werde dieses Wochenende mein ganzes Leben lang nicht mehr vergessen und es immer bei mir tragen.

„Wenn ich für jede Stunde, die ich ehrenamtlich gearbeitet habe, nur einen Euro bekommen hätte, wäre ich ein reicher Mann."

**Karl-Heinz Cambeis – 1.Vorsitzender
Weiss-Blau Frankfurt**

Kapitel 5

SC Hessen Dreieich

Vom Kinderfußballer zum Jugendspieler

Nach der Winterpause startete das Training mit der U14 im Sportpark Dreieich. Schon bei der ersten Einheit war mir klar, dass hier ein anderer Wind wehte. Ich hatte einen ganz ruhigen Trainer. Sein Name war Vladi Vujancevic. Er musste nicht viel sagen und hatte trotzdem eine natürliche Autorität. Ich fühlte mich bei ihm sofort wohl und vertraute auf das, was er machte. Das war gut, denn er sollte in der Zukunft mein größter und wichtigster Förderer werden. Er ist einer von diesen Menschen, die man im richtigen Moment treffen muss. Einer, der die entscheidenden Weichen stellt. Er lehrte mich das ruhige Aufbauspiel mit all seinen Facetten. Die präzise Spieleröffnung, das Verlagern im richtigen Moment, die Kommandos und alles was dazu gehört. Dabei strahlte er eine innere Ruhe aus, wie man sie bei Lehrern oder Trainern nur sehr selten antrifft, da sie oft unter hohem Stress stehen und das auch äußerlich sichtbar wird.

Die Rückrunde startete, und ich saß zunächst auf der Bank, und das als dritter Torwart. Zudem war ich eineinhalb Jahre jünger als der Rest des Teams. Das war allerdings für mich nicht so tragisch, da ich erkannte, dass ich noch viel zu lernen hatte, bevor ich dem Team wirklich helfen konnte. Wir spielten gegen Vereine wie Kickers Offenbach, Darmstadt 98 oder Hessen Kassel. Das waren alles Traditionsvereine mit Bundesligavergangenheit. Ich passte also gut auf und versuchte, wie ein Schwamm alles aufzusaugen. Eine große Hilfe war dabei mein erster professioneller Torwarttrainer. Mein Vater hatte das in meiner Kindheit wirklich sehr gut und altersgerecht gemacht, aber hier war der Anspruch doch deutlich höher. Die Präzision in den Übungen, die technischen Feinheiten und vor allem die nötige Mentalität, die ein Tormann braucht, um sich Respekt und Akzeptanz beim Gegner und in seinem Team zu erarbeiten, konnte mich Stephan Loboue lehren. Stephan ist an die zwei Meter groß, hat einen wuchtigen Körper und eine tiefe Stimme. Dazu hat er Pranken, die schier jeden Ball zu fangen scheinen. Stephan hat ivorische Wurzeln und spielte sogar schon für die Nationalmannschaft mit Spielern wie Drogba oder Traoré zusammen. Zudem war er Profi bei der SpVgg Greuther Fürth und beim FC Paderborn. Ich spürte im Torwarttraining mit den anderen Tormännern, dass ich hinsichtlich der Mentalität, dem Ehrgeiz und der Disziplin mit meinem Torwarttrainer auf einer Wellenlänge war.

Präsenz auf dem Platz war ihm und mir absolut wichtig. Neben dem Platz war er ganz entspannt. Er wirkte nie gestresst und nahm sich immer die Zeit, Fragen von uns oder den Eltern zu beantworten. Stephan war in meinem Torwarttypenraster ganz klar eine Axt. Wenn man mit vier Tormännern zusammen trainiert, fällt einem ganz deutlich auf, wie viele verschiedene Torwarttypen es gibt. Jeder ist anders und auf seine Art stark. Es gibt ganz ruhige, die über die ausgefeilte Technik kommen, wie Peter Gulácsi.

Es gibt Torwarte, die es packen, die Zuschauer mit spektakulären Flug-einlagen mitzunehmen wie David de Gea oder Torwarte, die extrem selbstbewusst auftreten und ein großes Kämpferherz mitbringen, wie Kasper Schmeichel. Ich wollte Power mit Technik mischen und hatte dabei immer ein Bild vor Augen, das mit Fußball eigentlich gar nichts zu tun hat. Es ging um die Art von Waffen, die ich als Kind immer in Ritter- oder Mantel-und-Degen-Filmen gesehen hatte. Es gab Florett, Degen, Säbel, es gab aber auch die Axt. In meiner Fantasie verglich ich die Spielweise eines Torwarts immer mit einer dieser Waffen. Gianluigi Donnarumma zum Beispiel glich in meinen Augen einer Axt. Kepa Ar-rizabalaga dagegen sah ich als Florett. Ich beobachtete viele Tormänner in Spielen der europäischen Topliegen auf meinem Handy und schaute mir von allen die signifikanten Skills, aber auch den Habitus der verschiedenen Keeper genau an. Mir wurde klar, dass ich die Power und die Durchschlagskraft einer Axt brauchte, zugleich aber auch das Filigrane und Bewegliche eines Floretts, wenn ich meinen Traum von der Bundesliga verwirklichen wollte. Obwohl es noch ein ganz, ganz langer Weg dorthin war, hatte ich guten Grund, optimistisch in die Zukunft zu blicken. Ich konnte nun dank des DFB-Stützpunktes und meiner Trainer mit links genauso gut spielen wie mit rechts. Dazu wurde die Spieleröffnung immer besser. Flugbälle bis zur Mittellinie präzise auf den eigenen Mann, sogar genau auf den starken Fuß des Zielspielers, klappten. Auch bei hohen Bällen und Standards bekam ich mehr und mehr Sicherheit. Also Persönlichkeit und Physis einer Axt und Technik und Geschmeidigkeit eines Floretts, das war es. Die Mischung aus absolutem Willen und herausragendem Können. Da wollte ich hin.

Zur Vorbereitung auf die neue Saison fuhren wir auf ein riesengroßes Fußballevent nach Rimini. Dort waren Hunderte von Teams aus ganz Europa. Bei der Eröffnungsfeier wurde eine Parade abgehalten, bei der jedes Team in Trikots und mit Vereinsfahnenträger eine ganze Runde über die Laufbahn ging und sich dann auf dem Spielfeld aufstellte.

Am Ende war das ganze Spielfeld voll mit Teams in den verschiedensten Farben. Das war wirklich ein faszinierender Anblick und hatte sogar ein bisschen was von Olympia. Schon die Busfahrt nach Italien in einem großen Reisebus mit fünfzig Plätzen war der Hammer. Das war immerhin die U14, und ich war gerade mal zwölf. Trotzdem fühlte ich mich pudelwohl. Man merkte den Altersunterschied nicht. Auch in der Hierarchie hatte ich mir durch meinen Trainingsfleiß, gelegentliche Spieleinsätze, aber auch durch mein Selbstbewusstsein einen Platz im Team erarbeitet und war mittlerweile sogar schon zum zweiten Torwart aufgestiegen.

Es war eine wirklich tolle Stimmung im Bus. Wir hörten Hip-Hop und machten unsere Witze über alles, was uns in den Sinn kam. Wie das eben so ist in diesem Alter. Das ganze rief in mir schöne Erinnerungen an unsere Fahrt nach Barcelona hervor, aber im Gegensatz zu dem Behütetsein in der Kindheit spürte ich zum ersten Mal im Leben eine gewisse Freiheit und Unabhängigkeit. Mir wurde klar, ich war jetzt kein Kind mehr, sondern ein Jugendlicher. In dem Hotel gab es nur Doppelzimmer. Ich teilte mir eins mit Jakob. Er war auch Torwart, aber wir sahen uns mehr als Kumpels und nicht als Konkurrenten. Das ist nicht immer so unter Keepern.

In der Turniervorrunde hatten wir vier Spiele, von denen Jakob zwei spielen durfte und ich zwei. Das war eine gute Regelung, denn Jakob und ich hielten zu diesem Zeitpunkt absolut auf Augenhöhe. Das Alter sprach für ihn, und er hatte doch schon mehr Erfahrung. Ich dagegen war schon etwas größer. Die ersten beiden Spiele gegen ein Team aus der Schweiz und eins aus Belgien gingen jeweils unentschieden 1:1 aus. Die Namen der Vereine waren schwer zu merken und ich habe sie mit der Zeit vergessen. Den dritten Gegner vergesse ich allerdings nicht so schnell. Nach unserer Reihenfolge war ich im Tor und das war FETT! Ich hatte natürlich noch nie gegen einen internationalen Topverein gespielt und dann gleich gegen den AS Rom (und das als halber Italiener) und auch noch in Italien. ABSOLUTER HAMMER!! Komischerweise war ich gar nicht sonderlich nervös, obwohl die Römer uns spielerisch und körperlich klar überlegen waren. Dieser Jahrgang der Römer war uns allen ein Rätsel, denn ihr Kapitän hatte wirklich schon einen leichten Vollbartansatz, und das in der U14!? Egal meine Jungs gaben alles, warfen sich in jeden Zweikampf, es galt jeden Ball zu erobern. Wir fighteten wie die Verrückten und waren ganz gut im Spiel. Bei Ballgewinn schalteten wir schnell um.

Unser Plan war, die Römer auszukontern, aber wie italienische Mannschaften so sind, ließen sie, egal, wie überlegen sie uns auch waren, immer zwei Innenverteidiger hinten stehen. Das waren pfeilschnelle Spieler, die unsere Spitzen ein ums andere Mal einfach abliefen. Ich hatte einen guten Tag erwischt, fischte zwei, drei gefährliche Dinger raus. Einen sogar aus dem rechten Winkel. Obwohl wir hinten ganz gut dicht hielten und sogar die eine oder andere Halbchance hatten, waren die italienischen Jungs uns doch überlegen, und so kam es, wie es kommen musste. Zehn Minuten vor dem Ende flog ein Ball halbhoch in unseren Strafraum. Unsere Verteidigung verlor das Kopfballduell, und der Ball wurde auf den zweiten Pfosten weitergeleitet. Ausgerechnet der bärtige Kapitän köpfte ihn gegen meine Laufrichtung, und der Ball senkte sich ins gegenüberliegende Eck ins Tor. Der Treffer war wirklich nicht zu verteidigen und hochverdient für die Römer.

Ich ärgerte mich kurz, hakte die Sache aber schnell ab. Es war ja noch genug Zeit, also versuchte ich, meine Jungs aufzubauen und anzupeitschen. Die Römer wechselten schlagartig die Taktik und standen nun massiv in der Abwehr. Sie ließen den Ball, sobald sie ihn uns abgejagt hatten, perfekt durch die eigenen Reihen laufen und riskierten nichts mehr. So brachten sie das 1:0 souverän über die Zeit, ohne dass wir noch einen einzigen Torschuss zustande brachten. Ich muss zugeben, dass das die abgezockteste Truppe war, gegen die ich bis zu diesem Zeitpunkt je gespielt hatte. Sie gewannen am Ende auch das Turnier, was mich nicht wunderte. Leider verloren wir auch unser letztes Gruppenspiel mit 1:0 durch einen Elfmeter. Es war schade, weil mein Torwartkollege Jakob den Ball sogar parierte, aber der Nachschuss dann unhaltbar war. Die Enttäuschung war im Moment des Ausscheidens natürlich groß, aber was sollten wir machen. Wir hatten alles gegeben, und es hatte nicht gereicht. Die anderen waren einfach etwas stärker, das muss man anerkennen und weiter an sich arbeiten.

Am Nachmittag gingen meine Jungs und ich an der Promenade von Rimini spazieren und spielten barfuß noch etwas Beachsoccer im Sand. Das baute ganz gut unseren Frust ab, und wir hatten noch eine Menge Spaß zusammen.

Um die Fahrt und das Turnier ausklingen zu lassen und den Teamgeist zu stärken, veranstalteten unsere Trainer und Betreuer danach noch einen

Der 2003er Jahrgang SC Hessen Dreieich mit Vladi; Jakob und mir in Rimini

kleinen Mannschaftsabend mit verschiedenen Spielen. Bei einem der Spiele sollten sich die Betreuer einen passenden Spitznamen für jeden einzelnen Spieler ausdenken und auf eine Tafel schreiben. Jeder musste dann versuchen, den ihm angedachten Spitzname aus allen anderen herauszufinden. Das machte wirklich Spaß, weil man mit seinen Jungs über sich selbst und über die anderen lachen konnte, ohne dass jemand wirklich dabei ausgelacht wurde.

Bei den Spitznamen war von „Speedy Gonzales" über „Balu der Bär" bis „Fußlasagne" alles dabei. Der Spitzname, den sie sich für mich ausgedacht hatten, war „The Red Head" wegen meiner rotblonden Haare und weil ich bei den Kommandos auf dem Platz immer einen roten Kopf bekomme, wenn ich mich über etwas ärgere.

Ich muss zugeben, der Name passte perfekt, und ich bin ihn bis heute nicht losgeworden, was nicht schlimm ist. Im Gegenteil, ich habe ihn sogar lieb gewonnen. Es gibt Dinge, die passen einfach wie die Faust aufs Auge, und so ist das mit Luca Furnari und „The Read Head" eben auch.

Nach der Riminifahrt und einem sehr harten Trainingslager ging es mit voller Power in die Kreisligasaison. Wir spielten gut und gehörten zum oberen Drittel der Liga. Bei mir persönlich traten auch einige Veränderungen im Trainingsalltag ein. Das reine Torwarttraining und das Mannschaftstraining reichten mir nicht mehr. Ich war eigentlich schon immer ungeduldig, und so fragte ich meine Mutter, ob es möglich wäre, dass ich mal zu ihrem Yogakurs mitkomme. Ich wusste, dass Yoga viel mit innerer Ruhe und geistiger Balance zu tun hat, aber das war für mich nicht der entscheidende Punkt. Wichtig war eher die Tatsache, dass Yoga sehr viele gute Dehnübungen beinhaltet. Spagat ist für meine Mutter zum Beispiel kein Problem. Wie ich schon sagte, war sie früher Profitänzerin und schon immer sehr gelenkig, aber durch Yoga wurde sie noch geschmeidiger. Ihr Kurs war leider nichts für mich, denn es waren ausschließlich Frauen, und die Yogalehrerin war für meinen Geschmack etwas zu entspannt. Ihr Fokus lag ganz klar auf innerem Frieden, ich aber brannte nach Fußball und Aktion.

Meine Mutter redete mit ihr und sie schlug vor, mal mit ihrem Mann zu sprechen. Sein Name ist Mood Bosal Khan. Ich rief ihn an, und er bestellte mich zu sich in den Kurs. Dieser Kurs war genau das, was ich gesucht hatte. Hier lag der Schwerpunkt auf Dehnen, auf Beweglichkeit und Geschmeidigkeit. Mood war ein Meister seines Fachs. Innerlich und nur für mich gab ich ihm den Spitznamen „die Schlange", weil er Übungen drauf hatte, die aussahen, als hätte er keinen einzigen Knochen im Körper. Nach einem halben Jahr war ich selber so beweglich wie ein

Knetmännchen. Ich konnte aus dem Stand ohne Probleme in den Spagat springen. Echt krass! Das machte sich auch in meinem Spiel bemerkbar. Einen besonderen Effekt hatte diese Beweglichkeit in Eins-gegen-eins-Situationen. Gerade wenn der Angreifer am kurzen Pfosten ins lange Eck schieben wollte oder allein auf mich zulief und mich mit einer Körpertäuschung verladen wollte, schnellte das lange Bein parallel zum flachen Rasen blitzschnell raus und der Ball war abgewehrt.

Ich konnte jedes Mal die Überraschung und das Entsetzen in den Augen der Schützen sehen, wenn die Chance pariert war. Mit so einem Save hatten sie nicht gerechnet und schon gar nicht hier in der Kreisliga. So machte ich mir mehr und mehr einen Namen, und langsam merkte ich, dass ich auch bei anderen Vereinen Aufmerksamkeit erregte.

Irgendwie spürt man das, wenn man bei Spielen beobachtet wird. Noch war kein Scout oder Jugendleiter an uns herangetreten, aber sie hatten mich schon registriert.

Zu dem Yogatraining nahm ich jetzt auch an freien Tagen externes Torwarttraining. Da meine Eltern nicht gerade wohlhabend sind, hätten sie das neben dem Yogatraining nicht auch noch finanzieren können. Um es mir trotzdem leisten zu können, half ich in den Ferien oft bei meinem Onkel Oratio mit. Er fuhr Essen auf Rädern aus, und an Feiertagen arbeitete er natürlich auch. Ich half ihm, die Essen zu den alten Menschen in die Wohnungen zu bringen und bekam mal 50 Cent, mal einen Euro als Trinkgeld. Bei fünfzig, manchmal sechzig Essen pro Tour war das eine saubere Sache. Zudem waren die vielen Treppenhäuser ein super zusätzliches Fitness- und Sprungkrafttraining. Auf so einer Tour waren schon ein paar tausend Treppen zu steigen.

In meiner Vorstellung der verschiedenen Torwarttypen war mein neuer externer Torwarttrainer Pierre Kleinheider ganz klar ein Florett. Er war technisch perfekt geschult und extrem schnittig, wie ein Pfeil. Körperlich war er drahtig und schlank.

Während jeder Trainingseinheit zeigte er mir neue Bewegungsabläufe.

Ich versuchte sie nachzumachen, und wir nahmen die Übungen mit einer Down-Hill Action Pro Kamera auf. Später analysierten wir die Aufnahmen und optimierten die Abläufe.

Alles war wichtig: Die Schrittfolgen, die Landungen nach Paraden, die Hand- und Fußstellungen, sogar der Habitus bei Ecken oder Abschlägen, einfach alles. Es ging wirklich um kleinste Details, die im Spiel aber genau den Unterschied machen können.

Dazu kamen Kinetik-Übungen mit Farben, Geräuschen und Formen und Trainingseinheiten mit einer Strobobrille. Ich verstand zu Beginn den Sinn dahinter nicht ganz, im Spiel aber merkte ich den Effekt schnell. Mein peripheres Sehen setzte ein, und so konnte ich zum Beispiel Ecken aus der Luft pflücken und gleichzeitig im Augenwinkel erkennen, wo der freie Mann für die Spieleröffnung stand.

Trainingseinheit mit Strobobrille

Kurzum, das Extratraining war ein Riesenerfolg und brachte mich wieder einen guten Schritt in Richtung Professionalität. Mittlerweile war ich wieder ein ganzes Stück gewachsen. Obwohl wir zeitweise vier Torwarte hatten, spielte ich immer öfter. Nun kamen auch die ersten Anfragen von anderen Clubs. Meistens aus der Verbands- oder Gruppenliga. Mein Vater hielt mich immer auf dem Laufenden, und wir beredeten im Familienverbund mit meiner Mutter und meinem Onkel, der viel Ahnung von Fußball hat, die Optionen beim Abendessen. Es waren gute, regionale Vereine, aber ich fühlte mich pudelwohl bei Hessen Dreieich. Ich hatte dort wirklich tolle Trainer und entwickelte mich im Eiltempo. Nein, wir waren alle dafür, dass ich bei Dreieich bleiben sollte. Zudem war ich ja nun auch auf dem Gymnasium, und da waren kurze Fahrwege wichtig. Vom Frankfurter Südbahnhof fuhr man gerade mal vier Stationen mit der S-Bahn zum Sportpark Dreieich und das war perfekt.

In der Rückrunde hatte ich mich dann komplett durchgesetzt und sammelte Spielpraxis, so oft es ging. Wir spielten bei den Kickers Offenbach, bei Rot-Weiß Frankfurt oder bei Darmstadt 98 und überall in der Region. Dann, auf einem Turnier in Königstein, geschah etwas, was mein ganzes bisheriges Leben auf den Kopf stellen sollte. In der Pause zwischen zwei Spielen kam ein Mann auf meine Mutter zu. Ich bekam es nur am Rande mit, weil das Spielgeschehen sehr aufregend war. Der Mann schien sie etwas zu fragen. Nur im Augenwinkel bemerkte ich, dass der Mann meinen Eltern eine Visitenkarte gab. Mein Vater sagte mir während des Turniers nichts davon. Erst am Abend machte er die Sache zum Thema. „Ein Scout von einem Bundesligisten hat uns heute auf dich angesprochen. Du wärst ein sehr interessanter und talentierten Torwart", sagte er. Der Scout hatte gefragt, ob er mich weiter im Blick behalten dürfte und ob eventuell von unserer Seite auch Interesse bestünde. Mein Vater fragte mich, ob das für mich eine Option wäre, und ich antwortete sofort mit ja. Der interessierte Verein führte eines der besten Nachwuchsleistungszentren in ganz Deutschland. Dazu war es ein

Bundesligist, der stark auf die Jugend setzt und jedes Jahr bei den Deutschen Jugendmeisterschaften der U17 und U19 einiges mitzureden hatte. Der Scout erhielt also unsere positive Rückmeldung und riet mir, ganz normal weiter zu trainieren und ganz unverkrampft zu spielen. Sie würden sich zu gegebenem Zeitpunkt bei uns melden. So vergingen die nächsten Wochen und Monate. Ich trainierte hart und konzentriert und spielte fast jedes Spiel. Natürlich war auch mal ein schwächeres Spiel darunter, aber insgesamt entwickelte ich mich weiter und weiter. Mir fiel schon auf, dass ich immer mal wieder von verschiedenen Personen beobachtet wurde, aber das spornte mich nur zusätzlich an. Es ging jetzt langsam auf den Endspurt der Saison zu. Meister konnten wir nicht mehr werden, aber der FSV Frankfurt, zu dem wir noch zum Auswärtsspiel mussten, hatte noch große Chancen auf den Titel und somit auf den Aufstieg in die Gruppenliga.

Der FSV betrieb immerhin selbst ein Nachwuchsleistungszentrum. Es war zwar etwas kleiner als die der großen Bundesliga-Clubs, aber der Anspruch war trotzdem hoch. Die Partie stand unter klaren Vorzeichen, wir waren der kleine Außenseiter, der allerdings nichts zu verlieren hatte. Wie der große NLZ Club, der den Titel holen musste. Welcher unserer vier Keeper in die Kiste durfte, war offen. Am Abend vor dem Spiel kam dann aber meine Nominierung und zwar als Nummer eins.

Das machte mich sehr stolz und ich war fest entschlossen, meinem Trainer das Vertrauen, welches er in mich setzte, zurückzugeben. Als wir am nächsten Tag am Bornheimer Hang beim FSV aufliefen, standen um die dreihundert Zuschauer bereit und waren um den ganzen Platz verteilt. Sogar Kameras hatte man an der Seitenlinie aufgebaut. Der gegnerische Torwart war ein Riese. Meine 1,80 Meter waren für einen Zwölfjährigen ja schon sehr groß, aber der war noch ein gutes Stück größer. Auch die Spieler waren alle extrem robust. Das lag daran, dass die Jungs ausnahmslos Anfang des Jahrgangs geboren waren. Das konnte man anhand der Spielerlisten, welche in der Kabine ausgehängt waren, ablesen. Es war Derbytime. Man spürte, dass dieses Spiel für die Frankfurter sehr wichtig war. Die ganze Atmosphäre war angespannt und die Luft schien zu knistern. Das machte mich aber weder nervös oder gar ängstlich, sondern im Gegenteil, es peitschte mich zusätzlich an. Sicherlich waren viele Scouts, Jugendleiter und sogar lokale Presse am Start, und es war ein idealer Zeitpunkt, um eine Topleistung abzuliefern. Wir waren wild entschlossen, hier und heute etwas mitzunehmen. Es lief auch ganz gut an. Der FSV machte gleich Dampf, aber sein Kombinationsspiel war etwas zu unpräzise. Immer wieder kamen die Pässe etwas zu lang, zu kurz oder leicht in den Rücken gespielt. Sie hatten zwar mehr Ballbesitz, aber unsere wenigen Aktionen kamen deutlich gefährlicher durch. Immer wieder setzten wir Nadelstiche, die zu brenzligen Situationen führten. Mitte der ersten Halbzeit klingelte es dann wirklich. Nach zwei, drei Frankfurter Chancen, die ich ganz gut parieren konnte, wurden sie etwas ungeduldig. Sie verloren hinten zunehmend die Ordnung und hielten ihre Positionen nicht. So um die dreißigste Minute standen sie dann komplett hoch. Mir war das schon einige Minuten vorher aufgefallen. Also signalisierte ich meinem Freund Elias, der als Mittelstürmer spielte, er solle kurz vor der Mittellinie lauern. Dann kam der entscheidende Moment. Ecke für den FSV von links. Sie kam hoch rein. Die Flugbahn war etwas zu hoch, ich pflückte die Pille problemlos aus der Luft, zog sie fest an meine Brust, lief zwei, drei Meter zur Strafraumgrenze und schlug den Ball seitlich aus der Hand ab. Das Leder war perfekt getroffen und die Flugbahn ideal. Hoch genug, dass keiner vor Elias den Ball mit dem Kopf erreichen konnte und flach genug, um nicht zu lang in der Luft zu sein und somit eventuell den Verteidigern die Chance zu geben, noch die Räume zu schließen. Elias war ein Vollblutstürmer und eiskalt vor dem Tor. Er startete. Der Ball landete genau in seinem Lauf. Er kreuzte den einlaufenden Innenverteidiger und zog in den Strafraum.

Der Riesentorwart kam mit Vollspeed aus seinem Kasten. Elias täuschte links an und schob den Ball rechts am Standbein des Keepers vorbei. Ganz kurz zuckte mein Fuß, weil ich befürchtete, dass der Torwart das rechte Bein rausschnellt. Der aber war sehr groß und schwer und das ging zu Lasten seiner Gelenkigkeit. Schließlich trudelte der Ball zum 1:0 ins lange Eck.

Die Aktion war bärenstark von Elias gemacht, und er ließ sich zu recht von uns ausgiebig feiern. Das war genau das, was unser Trainer wollte. Eine Führung zur Halbzeit. Also spielten wir die letzten fünf Minuten runter, ohne noch irgendein Risiko einzugehen.

Somit war die Marschroute für die zweite Halbzeit klar. Der FSV wollte unbedingt gewinnen, um die Meisterschaftsträume zu behalten, also mussten sie kommen. Wir standen kompakt und lauerten auf Konter. Für mich war wichtig, die Spieleröffnung so präzise wie möglich zu machen, damit wir nicht unnötige Ballverluste riskierten. Wie erwartet machte der Gegner von Beginn an Dampf. Es gab viele Halbchancen, aber auch zwei, drei hundertprozentige. Ich war heiß und hielt meinen Kasten mit aller Macht sauber. Obwohl ich pausenlos beschäftigt war, hatte ich immer das Gefühl, meinen Strafraum unter Kontrolle zu haben. Als Torwart ist das komisch: Hat dich ein Gegner erst mal warm geschossen, wirst du immer besser und sicherer. Je länger das Spiel dauerte, desto nervöser wurden die Frankfurter. Wichtig war jetzt trotz aller Aktion, Ruhe auszustrahlen. Zur schnellen Spieleröffnung gab es im Moment keinen Grund, da alle unsere Konter der letzten Minuten im Keim erstickt wurden.

Nun war es wichtiger, dass meine Bälle sauber ihren Adressaten erreichten, damit der sie vorne festmachte und wir nachrücken konnten, um etwas Entlastung zu bekommen. Das klappte perfekt, und so spielten wir Mitte der zweiten Halbzeit die Zeit ganz gut von der Uhr, ohne allzu stark unter Dauerdruck zu geraten. Die letzten Minuten wurde es dann allerdings nochmal richtig turbulent. Es standen zum Teil fünfzehn Feldspieler in meinem Strafraum. Dazu kam eine Ecke nach der anderen rein, und jeder Ball wurde aufs Tor geschossen, egal ob der Schütze neun Meter oder neunundzwanzig Meter entfernt war. Im Fußballdeutsch nennt man das die Brechstange. Dieses Mittel verfehlte an diesem Tag aber seine Wirkung, und so pfiff der Schiri die Partie nach drei Minuten Nachspielzeit ab. Die Spieler, unser Trainer, aber auch die mitgereisten Zuschauer klatschten und rannten zu Elias und mir.

Unser Trainer Vladi Vujancevic drückte mich lange und sagte „Ja, ich weiß doch, auf wen ich mich verlassen kann." Das machte mich sehr stolz. Ich glaube, das war der Moment, in dem für mich das Tor zur Bundesliga ein gutes Stück weit aufging.

„Eine Mannschaft ist mehr als die Summer ihrer Spieler*innen."

Stefan Henrich frei nach Aristoteles ☺

Kapitel 6
Der erste Bundesligaverein
Vom FC Porto zum Torwart-Talent-Award Sieger

In den folgenden Wochen nach dem Spiel beim FSV Frankfurt sei der Kontakt zu dem an mir interessierten Bundesligaverein immer intensiver geworden, berichtete mir mein Vater. Ich wurde in mehreren Spielen gesichtet. An dieser Stelle trat, nach meinem Trainer bei Hessen Dreieich, die nächste Schlüsselfigur für meine Entwicklung in Erscheinung. Es war ein leitender Angestellter der Scoutingabteilung des an mir interessierten Nachwuchsleistungszentrums. Er ließ mich immer wieder von seinem Scoutingteam beobachten und sichtete mich sogar mehrfach persönlich.

Er baute ein erstes Vertrauensverhältnis zu meinen Eltern auf und lud mich schließlich zu einem Probetraining ein. Es war ein Training mit der damaligen U14. Auch hier war ich der Jüngste. Es gab allerdings zu diesem Zeitpunkt schon zwei U14-Torwarte, aber diese Situation kannte ich ja schon vom Start bei Hessen Dreieich. Das Gelände war riesig. Fünf Plätze, zwei Rasenplätze und drei Kunstrasenplätze. Dazu ein komplettes Stadion, in dem der Verein damals in die Bundesliga aufgestiegen war und in dem schon absolute Trainerlegenden gecoacht hatten. Ein Hightech-Athletikraum, eine Physioabteilung, ein eigener Vereinsarzt und wirklich alles, was man brauchte, um sich perfekt zu entwickeln. Es gab sogar ein sehr gutes Restaurant in der Nähe, den „Haasekessel", aber das hatte ich ja schon erzählt. Was soll ich sagen, die Voraussetzungen waren absolut TOP!

Das Probetraining lief für mich ganz gut, obwohl ich natürlich wieder ähnliche Probleme hatte wie bei allen ersten Trainingseinheiten, die man in neuen Vereinen macht. Ich kannte noch keine Namen, und auch hier war wieder eine extreme Spieltempoverschärfung angesagt. Es waren allesamt hochtalentierte Spieler. Mir wurde klar, warum diese Jugendteams immer ganz oben dabei waren. Was mir aber schon bei der ersten Trainingseinheit auffiel, war, dass diese Mannschaft sehr still war. Ich war Teams gewohnt, in denen es auch verbal oft hoch herging. Ich selbst war ja auch ein sehr lauter und impulsiver Spieler. Hier gab es kaum Kommandos oder mal eine Ansage an sich selbst oder die Anderen. Dies galt aber scheinbar nur für diesen Jahrgang. Als ich nach unserem Training am Platz der damalige U17 und U16 vorbeiging, stellte ich fest, dass dort viel mehr kommuniziert, gestikuliert und angefeuert wurde.

Das kam mir deutlich vertrauter vor, denn sich mit seinen Mitspielern auf dem Feld auszutauschen, war für meine Spielweise elementar. Also absolvierte ich die folgende Probetrainingseinheit, obwohl ich ganz neu, dazu der Jüngste im Team und außerdem nur Probespieler aus der unterklassigen Kreisliga war, LAUT wie immer. Ich lernte über Nacht alle Spielernamen auswendig, gab Kommandos, als wenn ich nie woanders gespielt hätte, jubelte über jedes Tor, das mein Team in den grünen Leibchen im Trainingsabschlussspiel schoss und ballte die Faust bei jedem guten Save von mir. Als das zweite Probetraining fertig war, war ich ganz zufrieden mit mir. Ich hatte gezeigt, was ich kann, hatte mich überhaupt nicht verstellt und mein Team hatte im Abschlussspiel 7:2 gewonnen. Ich ging mit den anderen Spielern in die Kabine, duschte mich und fuhr müde nach Hause. Die folgenden Wochen wurde es still, aber das störte mich nicht, da ich mit meiner Mannschaft in Dreieich genug zu tun hatte. Mein Verein wusste natürlich, dass ich bei einem Bundesligisten zum Probetraining war und war stolz auf mich. Das fand ich bemerkenswert, denn es gibt auch Vereine, die einem da eher Steine in den Weg legen. Ich hatte in diesem Punkt in meiner bisherigen Laufbahn allerdings immer Glück und ich weiß das zu schätzen. Ich bekam von Dreieich jetzt noch mehr Spielpraxis als zuvor. Obwohl in dieser Phase Funkstille herrschte, bemerkte ich doch immer wieder, dass einzelne Zuschauer auf mich achteten und sich gelegentlich Notizen machten. Nach sechs Wochen bekamen wir eine erneute Einladung zum Probetraining, aber diesmal zu einer Torwarttrainingseinheit. Das war genau mein Ding. Da konnte ich zeigen, was ich drauf hatte. Die Torwarttrainer, mit denen ich diese Einheit trainierte, waren in der Torwartausbildung absolute Koryphäen, denn neben den Torleuten des Vereins bildeten sie sogar andere Torwarttrainer für ihre Trainerscheine und verschiedene DFB-Jugendtorleute aus. Als ich aufs Feld kam, begrüßte mich das Trainerteam freundlich und los ging es. Es waren mit mir noch die zwei etablierten U14-Keeper am Start. Ich muss zugeben, dass ich viele Übungen des Trainings zum ersten Mal in meinem Leben machte. Es kam auf alle möglichen Details an, die ich mir allerdings erst aneignen musste. Die anderen Torjungs kannten das alles schon. Was trotz dieses Ausbildungsrückstandes aber für mich zu sprechen schien, war die Faszination, die ich für die Inhalte und Übungen empfand. Das strahlte ich vermutlich auch für die Anwesenden sichtbar aus. Für mich war das alles neu und hochinteressant. Wenn eine Übung fertig war, bat ich den Trainer, ob ich sie noch ein wenig weiter versuchen konnte, um die Abläufe zu verinnerlichen.

Das war keine Show, sondern ich fühlte mich, als würde mir jemand besondere Tricks zeigen oder Werkzeuge an die Hand geben, die ich schon lange gesucht hatte und dringend brauchte. Wenn mir etwas gelang, freute ich mich und peitschte mich selber an. Am Ende des Torwarttrainings ging ich nur widerwillig vom Platz. Ich hätte noch tagelang weitertrainieren können, weil ich so einen Bock darauf hatte und das Gefühl verspürte, weiter fressen zu müssen, weil ich noch so großen Hunger hatte. Nach den ersten drei Probetrainingseinheiten lautete das Feedback an meine Eltern: „Luca hat zwar noch Ausbildungsrückstände, was normal wäre, wenn man bis zur U14 unterklassig gespielt und trainiert hätte. Seine Präsenz auf dem Platz, seine intrinsische Motivation und sein Selbstbewusstsein sind allerdings außergewöhnlich." Zudem, so hieß es, würde ich über eine ideale Physis und Größe verfügen und sei obendrein sehr athletisch und beweglich. – Das hörte sich doch schon sehr vielversprechend an. In der Tat kam zwei Wochen später die nächste Einladung zu einem Torwarttraining und zusätzlichem Athletiktest. Wieder meldete ich das Probetraining vorzeitig bei Hessen Dreieich an und bereitete mich darauf vor.

Bei diesem Torwarttraining gab es einige neue Übungen und andere, die wir auch schon im Training zuvor praktiziert hatten. Das war gut für mich. Ich hatte die Abläufe inzwischen verinnerlicht und pausenlos geübt, mit dem Ergebnis, dass meine Technik diesmal schon deutlich besser war. Ich hatte das Gefühl, dass ich jetzt schon gut mithalten konnte, aber noch lange nicht 100 % meines Potenzials abrief. Es machte wieder großen Spaß und ich sog alles auf wie ein Schwamm. Danach ging es zum Athletiktest und auch das war gut für mich, denn hier zählten nur Fakten. Alles war messbar, und auf diesem Gebiet konnte ich schon mein ganzes Leben punkten. Schon in der E-Jugend machte ich gerne dreißig Liegestütze, wenn die anderen bei fünf keinen Bock mehr hatten und begannen, Faxen zu machen. Meine Werte beim Test waren überragend: Kraft, Dynamik und Ausdauer, alles TOP, aber das kannte ich ja schon von den Leistungstests beim DFB. Ja, es sah wirklich gut aus für mich. Nach diesem Training gingen meine Eltern und ich noch in den „Haasekessel" zum Abendessen. Ich sagte ihnen, dass ich mich hier pudelwohl fühlte und dass es für mich ein Traum wäre, hier zu lernen und zu spielen. Zwei Wochen später kam dann der Anruf der Scoutingabteilung des Nachwuchsleistungszentrums. Ich war dabei! Ab der U15 war ich nun Jugendtorwart bei einem Bundesligaverein. HAMMER!!!

Das war für mich der nächste Schritt in Richtung Jugendbundesliga und der Erfüllung meines großen Traums.

Ich spielte die Saison bei Hessen Dreieich mit voller Power und sehr erfolgreich zu Ende. Dann verabschiedete und bedankte ich mich bei allen Leuten, die mir geholfen und die mich ausgebildet hatten, persönlich und wünschte meinen Jungs viel Glück auf ihrem weiteren Weg. Mit vielen von ihnen habe ich heute noch Kontakt. Es sind stabile Jungs, wir schreiben uns auf Insta oder treffen uns ab und zu im Isenburg-Zentrum. Einer von ihnen, Anis Nahari, wohnt sogar in meiner Siedlung und ist auch heute noch einer meiner besten Freunde.

In der Sommerpause machte ich viel Yoga mit Mood, Torwarttraining mit Pierre und trainierte mit meinem alten Weiss-Blau-Kumpel Henok in meinem Keller. Wir trainierten immer sehr hart und puschten uns gegenseitig. Nach dem Training kochte mein Vater uns gerne bergeweise Essen, sodass wir uns danach kaum noch bewegen konnten. Freitags abends gab es dann immer einen Film auf DVD. „Jede Woche ein anderer Klassiker", sagte mein Vater immer. So sahen wir einmal „Rocky", das nächste Mal „Papillon", wieder ein anderes Mal „Highlander" und viele andere coole Movies. Danach war ich immer so müde, dass ich sofort im Bett einpennte.

Um auch konditionell fit zu bleiben, lief ich täglich und ging zusätzlich ins Stadionbad schwimmen. Dort waren immer Freunde und Schulkameraden von mir, und ich gönnte mir die eine oder andere Arschbombe vom Zehner zur Abwechslung. Das war immer ein Riesenspaß und half mir, auch mal den Kopf frei zu bekommen und die Seele baumeln zu lassen. Trotzdem verlor ich den Trainingsstart nie aus den Augen und fokussierte mich rechtzeitig darauf. Das war auch richtig, denn es sollte schneller mit großen Aufgaben losgehen, als ich es mir zu diesem Zeitpunkt hätte träumen lassen. Die Saisonvorbereitung startete mit einem Trainingslager in Österreich. Das kam mir entgegen, denn so konnte ich meine neuen Teamkollegen kennenlernen und mich an den Anderen orientieren, wo ich leistungsmäßig stand. Ich war überrascht, denn ich konnte gut mithalten. Ich behielt mein selbstbewusstes Auftreten bei, ohne dabei arrogant zu werden, und brachte meine Präsenz auf den Platz. Auch das Zusatztraining mit Pierre und Mood in den Ferien zahlte sich jetzt aus. Das schien mein neuer Trainer auch so zu sehen, und so bekam ich einerseits viel Lob und, was noch wichtiger war, Testspieleinsätze gegen österreichische Teams. Als wir zurückkamen, fühlte ich mich im Team schon ganz gut integriert. Das war auch wichtig, denn es stand eines der größten internationalen U15-Jugendturniere in ganz Europa auf dem Programm.

Als ich die Namen der teilnehmenden Vereine las, hätte es mich fast umgehauen.

FC Chelsea, Eintracht Frankfurt, FC Porto, Tottenham Hotspurs, Schalke 04, Roter Stern Belgrad, Bayern München, Glasgow Rangers, RB Leipzig und noch viele, viele mehr. KRASS! Das war genau das, was ich gesucht hatte. Es war zwar noch nicht die Jugendbundesliga, da diese erst ab der U17 gespielt wird und die Turnierteams zwar alle aus großen Clubs kamen, aber wie wir U15-Regionalliga spielten oder aus anderen Ländern kamen. Trotzdem: Ich war gerade vierzehn Jahre und hatte eineinhalb Jahre zuvor noch in der Kreisklasse auf Ascheplätzen gespielt – und jetzt das. Ich kann nicht in Worte fassen, wie ich mich auf dieses Turnier gefreut habe. Luca Furnari fühlte sich wie ein hungriger Tiger, den man aus seinem Käfig lässt.

Der Allianz U15 Cup fand in Oberursel im Taunus statt. Es wurde auf den Anlagen der Frankfurt International School gespielt und die Platzbedingungen waren überragend. Es gab Tribünen für die Zuschauer rings um den ganzen Platz, dazu eine Soundanlage für die Stadionsprecherdurchsagen und die Musikeinblendungen in den Pausen. Es lief AC/DC „Highway to Hell" oder Europe „The Final Cowntdown" und solche Songs, fast wie beim Eishockey. Zuschauer waren in Massen da, bei den Finalspielen waren es sogar einige Tausende. Zwei Tage sollte das Spektakel dauern. Ich war gleich bei meinem ersten Turnier auf diesem Niveau die Nummer eins.

Der erste Tag lief schon ganz gut. Zwar konnten wir gegen Hertha BSC 2:0 gewinnen und auch gegen die Glasgow Rangers siegten wir mit 1:0, allerdings verloren wir gegen Bayern München 2:0 und spielten gegen RB Leipzig 1:1. Das war unterm Strich der sichere Einzug in das Achtelfinale. Obwohl wir ganz ordentlich spielten, hatten wir eigentlich noch Luft nach oben. Meine Jungs und ich hatten mehr drauf, das wusste ich. In der Vorrunde ist das ja immer so ein Ding. Das sieht man bei den Profis in großen Turnieren ja auch oft. Es wird viel taktiert, viel unentschieden gespielt, und keiner will das erste Spiel verlieren.

Allianz U15-Cup 2018 gegen Bayern München

Das war jetzt vorbei, denn in KO-Spielen kann es nur einen geben, und wenn es ins Elfmeterschießen gehen muss. Das war perfekt, denn jetzt musste jeder alles geben und man wusste, wo man steht. Im Achtelfinale warteten die Jungs von Schalke 04 aus der Knappenschmiede auf uns. Es war ein sehr ausgeglichenes Spiel, weil sich die Teams im Mittelfeld neutralisierten. Es gab wirklich für mein Gegenüber im Kasten der Königsblauen und mich fast nichts zu tun. Ich peitschte meine Jungs aber trotzdem stark an, denn wir durften uns auf keinen Fall einlullen lassen. Zehn Minuten vor Schluss gelang unserem Stürmer ein Sonntagsschuss genau in den Winkel. Unhaltbar zum 1:0 für uns. Jetzt ging das Spiel auf einmal ganz anders zur Sache.

Schalke lief jetzt wie wild an, aber sie bekamen den Hebel nicht wirklich umgelegt. Das 1:0 war ein echter Wirkungstreffer. Den nachfolgenden wütenden Aktionen der Knappen fehlte die Präzision. Es kamen nur noch zwei Bälle aufs Tor, die ein guter Torwart halten muss und die für mich kein großes Problem darstellten. Der Referee pfiff pünktlich ab und ehe sie sich versahen, waren die Schalker raus. Das war für die Jungs aus Gelsenkirchen eine riesige Enttäuschung, denn die Knappenschmiede galt zu diesem Zeitpunkt als das Nonplusultra in der Jugendarbeit.

Im Viertelfinale wartete das Team von Roter Stern Belgrad auf uns. Die Jungs vom Balkan waren das Überraschungsteam des Turniers. Sie hatten in der Vorrunde immerhin solche Bretter wie den FC Chelsea oder den RSC Anderlecht hinter sich gelassen. Da wir in der Vorrunde zeitgleich eigene Spiele hatten, konnten wir sie auch nicht bei ihren Spielen beobachten, um ihre Stärken und Schwächen auszumachen. Unsere Taktik war es, die ersten Minuten langsam angehen zu lassen, um zu sehen, was der Gegner macht. Das war genau richtig, denn Roter Stern drückte sofort aufs Gas. Sie waren durch den bisherigen Turnierverlauf sehr selbstbewusst und wollten gleich zeigen, dass sie stärker waren als wir. Nach ca. zehn Minuten konnten sie immer noch kein Kapital aus ihrer Überlegenheit schlagen. Zwei Ecken, die ich runterpflückte, und ein Freistoß, der an den Außenpfosten klatschte, das war's. Das Problem von Roter Stern war, dass sie, je mehr sie drückten und je passiver wir wurden, anfingen, immer höher zu stehen. Das war hier mal ein halber Schritt des einen Spielers und da mal ein eine Reihe zu hoch eines anderen Spielers. Eigentlich nur Kleinigkeiten, die aber oft genau den Unterschied zwischen Sieg und Niederlage machen. Es fehlte ihnen einfach die Geduld. Bei der dritten Ecke standen sogar beide serbischen Innenverteidiger bei mir im Strafraum. Das war fast die gleiche Situation wie damals mit Hessen Dreieich beim FSV Frankfurt. Genau wie damals fischte ich wieder die Pille runter, zwei, drei Schritte, seitlicher Abschlag aus der Hand und genau in den Lauf unseres Rechtsaußen, der an der Mittellinie lauerte. Er hatte drei Meter Vorsprung und war obendrein unser schnellster Spieler. Er lief mit Vollspeed zentral auf den Keeper zu und konnte sich die Ecke aussuchen. Er wählte die linke, und obwohl der Belgrader Torwart noch versuchte, den Winkel durch Rauslaufen etwas zu verkürzen oder zumindest unsere Spitze zu verunsichern, hatte er im Grunde keine Chance. Der Ball schlug platziert und fest zum 1:0 ein. Besser konnte es nicht laufen.

Anstatt sich zu sammeln und weiter Fußball zu spielen, rannten die total angestachelten Jungs von Red Star jetzt noch kopfloser auf unser Tor zu.

Diese Reaktion war viel zu früh und zu heftig, schließlich war noch viel Zeit und es stand nur 1:0. So kam es, wie es kommen musste. Unser Kombinationsspiel war stark, und bei Balleroberung schalteten wir blitzschnell um, sodass Räume ohne Ende entstanden. Nach diesem Schema fiel das 2:0, dann das 3:0, und so nahm das Spiel seinen Lauf. Ich bin mir heute gar nicht mehr sicher, ob das Spiel 4:0 oder gar 5:0 endete, aber auf jeden Fall viel zu hoch für das eigentliche Können des Gegners. Es waren wirklich gute Kicker dabei, die Athletik, die Technik, all das brachten sie mit; nur die falsche Taktik und in der Folge die fehlende Disziplin brachten sie aus dem Rhythmus. Das nutzten wir ganz souverän und abgezockt aus und standen nun im Halbfinale. Was dort aber auf uns wartete, war definitiv das Beste, was der europäische Jugendfußball in diesem Jahrgang zu bieten hatte: der FC Porto. Die Bande hatte es wirklich fertig gebracht, bei dieser brutalen Konkurrenz ohne Punktverlust bis ins Halbfinale zu kommen. Das Krasseste war, sie hatten auf ihrem Weg dahin kein einziges Gegentor kassiert. Das klingt unglaublich, aber es war wahr.

Der Trainer stimmte uns auf den Gegner so gut es ging ein, aber als das Spiel losging, war sofort klar, dass wir nichts zu melden hatten. Zu diesem Zeitpunkt hatte ich eine solche Jugendmannschaft noch nie gesehen. Als ich mit Hessen Dreieich einmal gegen AS Rom gespielt hatte, dachte ich das damals auch, aber das hier war noch viel extremer. Sie spielten wirklich wie eine erwachsene Profimannschaft. Jeder Spieler war der beste auf seiner Position des ganzen Turniers. Außer der Torwart natürlich ☺. Alles stimmte. Die Abstände zwischen den Mannschaftsteilen. Die Räume waren alle besetzt. Die Zweikämpfe wurden alle gewonnen. Alle waren schnell und so kam es, wie es kommen musste. Sie spielten mit uns Katz und Maus, und nach acht Minuten schoss Carvalho, der später zum Spieler des Turniers gewählt wurde und obendrein die Torjägerkanone gewann, das 1:0. Er kreuzte zentral und völlig allein am Sechzehner vor mir auf, wurde perfekt mit einem durchgesteckten Pass bedient und schoss den Ball bretthart und platziert so knapp neben den rechten Pfosten, dass kein Blatt Papier mehr dazwischen gepasst hätte. Es sah alles so einfach und leichtfüßig aus, und doch hatte ich nicht den Hauch einer Chance. Natürlich wussten wir, dass es gegen diese Jungs fast unmöglich war, ein Tor zu erzielen und trotzdem war es nur ein 1:0. Solange sie kein zweites machten, waren wir noch im Geschäft. Die Chancen zum zweiten Tor waren für die Portugiesen da, aber sie machten es einfach nicht.

Einen Ball kratzte ich mit den Fingerspitzen über die Latte, einen anderen lupften sie über mich, aber auch ganz knapp übers Tor. Selber konnten wir kaum Akzente setzten. Aus Frust beging unser bester Spieler sogar ein grobes Foul und beschwerte sich dann obendrein so heftig beim Schiri, dass der glatt Rot zückte. Damit schien die Nummer so gut wie durch. Aber Fußball ist oft unberechenbar. Plötzlich wurden wir mit zehn Mann stärker als mit elf. Porto hatte schon mindestens einen Gang zurückgeschaltet und war etwas überrascht über dieses Comeback. Es war nicht mehr lange zu spielen, und bis jetzt hatten wir nicht eine gute Torchance herausgespielt. Dann gelang uns tatsächlich das, was bei diesem Turnier gegen den FC Porto noch keinem gelungen war, wir schossen ein Tor. Es war nicht rausgespielt, sondern eine reine Einzelleistung. Unser Zehner fasste sich aus Verzweiflung ein Herz und lief zentral in den Strafraum auf zwei Porto-Verteidiger zu. Normal hast du da keine Chance. Er zog einfach mal ab. Brechstange halt. BAAAM, der Ball wurde wie beim Ping-Pong zweimal abgefälscht und knallte gegen die Laufrichtung des Keepers ins leere Eck. HAMMER!!! Verdient war das zwar nicht, aber das war uns egal. Wir feierten wie verrückt. Zwei Minuten später pfiff der Schiri ab.

Das bedeutete nach dem Turniermodus direktes Elfmeterschießen mit drei Schützen pro Team. Ich fühlte mich gut, weil ich in den Jahren zuvor doch schon den ein oder anderen Strafstoß pariert hatte. Das waren zwar keine FC-Porto-Schützen gewesen, aber ich hatte mir die Spieler des Gegners während des Spiels genau angeschaut. Ich wusste, mit welchem Fuß und welcher Fußhaltung sie schossen und war mir sicher, eine Chance zu haben. Der erste Schütze war der Linksaußen von Porto. Ein Linksfuß. Im Spiel hatte er nur einmal aufs Tor geschossen und das mit der Innenseite flach ins linke Eck. Ich entschied mich also für links unten und hoffte, dass er nicht die Nerven hatte, mich zu verladen. Da er der erste Schütze war, traute ich ihm keine Spielchen zu. Er lief an, ich blieb so lange ich konnte stehen und drückte mich in der allerletzten Sekunde flach in die volle Streckung ab. Der Ball war schwach, aber ganz flach geschossen und traf mich in Höhe des Halses. Ich spürte den Aufprall und mir schoss das Adrenalin durch den Körper. Ich sprang auf und ballte die Faust, während der Schütze mit gesenktem Kopf und den Händen vor dem Gesicht abdrehte. Jetzt waren wir dran. Unser Mittelfeldregisseur nahm sich das Leder, lief kurz an und BAAAM drüber.

MIST! Auch er drehte ab und hielt die Hände vors Gesicht. Ich verstrubbelte ihm im Vorbeigehen kurz die Haare, um ihn etwas zu trösten. Ein verschossener Elfer ist zwar nicht schön, aber es stand weiter 1:1 und wir waren noch gut im Rennen.

Dann kam aber leider die Riesenenttäuschung, die sich damals wirklich wie ein Schlag ins Gesicht angefühlt hat. Ich mache es kurz, weil es immer noch weh tut, wenn ich zu lange darüber nachdenke. Cavalho und der dritte portugiesische Schütze trafen souverän. Einer davon mittig unter die Latte und der andere sogar in den Winkel. Wir hingegen verschossen nach dem ersten auch den zweiten und dritten Elfer. So verloren wir das Elfmeterschießen mit 2:0 und das Spiel 3:1 und waren raus. Es war verdient für Porto, da gibt es keinen Zweifel, aber es tat trotzdem sehr, sehr weh. Leider war im Turnierplan kein Spiel um Platz drei vorgesehen, obwohl ich gerne eins gehabt hätte, um mich abzureagieren und wenigstens Dritter zu werden.

Das Finale gewann Porto mit 2:0 gegen Bayern München ohne Probleme, und ich habe noch nie einen verdienteren Champion gesehen als die Jungs aus Portugal.

Als ich das Turnier am selben Abend nochmal Revue passieren ließ, wurde mir klar, ich war definitiv auf dem höchsten Niveau meines Jahrganges angekommen. Es gab keinen Zweifel. Meine Mitspieler, die Gegenspieler, die Trainer, die Traditionsvereine, die Zuschauer – einfach alles war für U15 absolute Spitze. Eine Situation unterstrich diesen Eindruck noch, und die Szene geht mir bis heute nicht aus dem Kopf.

Nach Abpfiff des Halbfinales kam ein fremder Mann mit einem Baby auf dem Arm auf mich zu. Ich wusste im ersten Moment gar nicht, was er wollte. Dann sagte er etwas in gebrochenem Deutsch und drückte mir das Kleine in den Arm. Ich hielt es natürlich fest. Dann ging er tatsächlich zwei, drei Meter zurück, packte sein Handy aus und machte ein Foto von uns. Das war das erste Mal, dass mir sowas passierte, aber es sollte nicht das letzte Mal bleiben. Die Art und Weise, wie meine Jungs hier gespielt hatten und wie wir uns als Mannschaft präsentierten, machte mich sehr, sehr stolz. Dennoch, trotz des tollen Gefühls, das ich in diesem Moment hatte, war mir klar, dass ich meinen Traum, in der Jugendbundesliga zu spielen, damit noch lange nicht erfüllt hatte. Die startete erst ab der U17. Also musste ich weiter knallhart an mir arbeiten und mich immer weiterentwickeln.

In diesen Tagen passierte neben dem Megaturnier aber noch etwas anderes sehr Wichtiges, was mir zusätzlich zeigte, dass ich genau auf dem richtigen Weg war. Die Tatsache, dass ich innerhalb von eineinhalb Jahren den Sprung aus einem Kreisklasseverein in ein Bundesliga-Nachwuchsleistungszentrum (NLZ) schaffte und auf höchstem Niveau spielte, führte dazu, dass eine Expertenjury mich zum Torwart-Talent-Award-Sieger 2019 wählte und mir einen Förderpreis in Höhe von 1000 Euro überreichte.

Das kam für meine Familie und mich aus heiterem Himmel. Meine Eltern und ich waren natürlich sehr stolz. Diese Auszeichnung motivierte mich noch mehr, meine Pläne konsequent durchzuziehen und weiter hart und diszipliniert an mir zu arbeiten. Es wurde sogar in den Zeitungen darüber berichtet, und so war ich mit 14 Jahren, nach einem Spielbericht vom E-Jugend-Derby Niederrad gegen Oberrad, das zweite Mal in der Zeitung. Ich habe den Artikel mit in dieses Buch genommen (S. 97). Dann könnt ihr selber mal drüberlesen.

Ich galt also nun laut einhelliger Expertenmeinung als das größte Torwart-Talent meines Alters in ganz Deutschland. Für viele Jungs und Mädels hätte eine solche Auszeichnung mit vierzehn Jahren wohl auch einen großen Druck bedeutet, bei mir war das aber nicht so. Ich konnte schon immer gut mit Druck umgehen. Er macht mich, wenn ich ehrlich bin, sogar besser und spornt mich zusätzlich an.

Von den 1000 Euro Preisgeld kaufte ich mir eine Hantelbank für mein Krafttraining zu Hause in unserem Keller, dazu einen Bosu-Ball für Stabis und Gummibänder für Dehnübungen. Aber zurück zu meinem Verein.

Nach dem Trainingslager und dem Mega-Turnier startete die U15-Regionalligasaison 2018/19 und mit ihr der Trainingsalltag. Ich begann die Trainingsarbeit konzentriert und laut und spürte in jedem Trainingsspiel, dass meine starke Präsenz auf dem Platz der Mannschaft Kraft gab und ihr gut tat. Es war immer schön, viel Pfeffer in den Aktionen und Biss in den Zweikämpfen. Man merkte, dass jeder unbedingt gewinnen wollte. Ich genoss die tollen Möglichkeiten, die mein Verein mir bot. Vor jedem Training durfte ich in den Athletikraum und das war cool.

Nach dem normalen Training durfte ich noch Torwarttrainingseinheiten mit den höheren Jahrgängen machen. Ich hatte ständig Physiotrainer zur Verfügung, wenn etwas zwickte, und sogar ärztlichen Rat konnte ich mir jederzeit einholen. Dazu gab es Leistungsdiagnostik, Videoanalyse, Ernährungstipps und Antidopingschulungen und das alles von professionellen Dozenten. Um es auf den Punkt zu bringen, es war für einen Fußballverrückten wie mich das Paradies auf Erden. Am liebsten wäre ich gar nicht mehr weiter auf mein Gymnasium in die Schule gegangen und hätte den ganzen Tag im NLZ verbracht, aber da wären mir meine Eltern aufs Dach gestiegen. So ging ich jeden Morgen von 8 bis 14 Uhr zur Schule, dann gab es Mittagessen, dann machte ich die Hausaufgaben in der S-Bahn. So früh wie möglich ging es ab in den Atletikraum des Vereins, danach Torwart-und Mannschaftstraining, danach Duschen und Physio und mit der S-Bahn zurück nach Frankfurt zum Abendessen und ab ins Bett. Freitags vormittags ging ich in dieser Zeit allerdings nur selten zur Schule, da ich regelmäßig an den Veranstaltungen von „fridays for future" teilnahm, um gegen den ganzen Umweltwahnsinn zu demonstrieren. An den Wochenenden hatten wir Spiele gegen den 1. FC Kaiserslautern, den 1. FC Saarbrücken oder Wormatia Worms und danach Balljungendienst im Stadion bei Heimspielen. Es war wirklich ein sehr knackiges Programm und wäre für die meisten bestimmt zu krass gewesen. Ich bin aber wirklich ein Fußballverrückter und konnte davon gar nicht genug bekommen.

An Sonntagabenden nahm ich mir dann auch immer etwas Zeit für mich und blieb länger wach als in der Woche. Ich schaute dann meistens die Sportschau mit den Sonntagsspielen und danach „Zeiglers wunderbare Welt des Fußballs".

1000 Euro für Luca Furnari

Sachsenhausen (red) – Der Sachsenhäuser Schüler und für ▓▓▓▓▓ spielende U15-Torwart Luca Furnari wurde von einer Expertenjury zum Nachwuchstorwarttalent des Jahres gewählt.

In den vergangenen zwei Monaten hatten über 200 Experten aus der deutschen Fußballnachwuchsförderung bei den Nummer-Eins-Torwart-Talent-Awards, die Möglichkeit ihren Favoriten für das größte Newcomer-Talent in Deutschland zu benennen. Anerkannte Experten deutscher Bundesligaleistungszentren, ausgewählter Verbandsförderstützpunkte sowie Jugendleiter und Breitensportbeauftragte wurden befragt. Aus Gründen der Fairness durften keine Torwarte aus dem eigenen Nachwuchsleistungszentrum, Stützpunkt oder Verein gewählt werden. Der Torwart mit den meisten Stimmen und Gewinner

wurde Luca Furnari.

Der mit 1000 Euro dotierte Förderpreis soll besonders talentierte Nachwuchstorwarte in ihrer Entwicklung und Ausbildung finanziell unterstützen. „Es ist für mich eine große Ehre und ich bin sehr glücklich, dass so viele Trainer, Scouts und Jugendleiter für mich gestimmt haben", sagte der Vierzehnjährige. „Als ich vor einem Jahr vom SC Hessen Dreieich zu ▓▓▓▓▓ gewechselt bin, war das ein großer Schritt für mich. Ich konnte mich aber relativ schnell an das höhere Spielniveau und Tempo gewöhnen. Ich danke allen Mitspielern und meinen Ausbildern dafür, dass sie mich so gut aufgenommen und ausgebildet haben".

Luca ist in seiner ersten Saison bei ▓▓▓▓▓ zur festen Größe und zum Leistungsträger gereift und steht mit seinem Team unmittelbar vor dem Gewinn des Meistertitels in der höchsten

Spielklasse seiner Altersgruppe, der Regionalliga U15 Süd/West. Begonnen hat das Torwarttalent allerdings mit sechs Jahren gleich um die Ecke: Von der G-Jugend bis zur E-Jugend stand Luca bei Weiss-Blau Niederrad im Tor. Dann ging es Schlag auf Schlag. In der D-Jugend wurde er vom Hessischen Regionalligisten SC Hessen Dreieich und dem DFB-Förderstützpunkt gesichtet und ausgebildet. Als Lucas Leistungen auch auf diesem Niveau herausstachen, wurde er vom Bundesligisten ▓▓▓▓▓ ins Nachwuchsleistungszentrum ▓▓▓▓▓ geholt.

Dort bekam er Gelegenheit sich mit Bundesligateams von Borussia Dortmund, Bayern München oder Schalke 04 zu messen und auf Turnieren erste Erfahrungen mit internationalen Gegnern wie FC Porto, Roter Stern Belgrad oder FC Chelsea zu sammeln.

Der Gewinn des Deutschen-Torwart-Talent-Awards ist nun der nächste Schritt, den der Schüler des Freiherr-vom-Stein Gymnasium nimmt. Neben dem Abi und dem Fußball findet Luca aber immer noch Zeit, um sich ehrenamtlich zu engagieren. So hilft er bei Grundschulturnieren – zum Beispiel an der Mühlbergschule – als Betreuer und Trainer oder gibt kostenloses Torwarttraining bei Weiss-Blau Niederrad für die kleinen Torwarttalente von morgen. „Es macht mir wirklich viel Spaß mit Kindern zu arbeiten. Es ist zwar zeitlich nicht immer möglich, aber wenn die Schule und der Trainingsplan es erlauben, mache ich es gerne. Es ist ganz wichtig, dass es ehrenamtliche Helfer gibt. Ohne diese Menschen hätte ich es nie zu einem Bundesligisten geschafft. So kann ich etwas zurückgeben", sagte Furnari. Weitere Infos gibt's unter www.luca-furnari.de.

Luca Furnari ist die Nummer eins. Er freut sich über seinen Pokal und den Scheck über 1000 Euro.

Bericht Torwart-Talent-Award-Förderpreis (Frankfurter Wochenblatt)

Das läuft auf WDR und ist hier in Frankfurt gar nicht so bekannt, aber die haben da eine Rubrik, die nennt sich „Das Kacktor des Monats". Da zeigen sie alle möglichen Spieler- und Torwartpatzer. Jedem Kicker der Welt, von der Kreisklasse bis zur Championsleague, sind solche Dinger natürlich auch schon mal in seiner Laufbahn passiert. Das zeigt, dass wir trotz Ehrgeiz und Siegeswillen, die absolut wichtig im Leistungssport sind, alle nur Menschen sind. Fehler gehören auch zum Fußball einfach dazu, sonst würde jedes Spiel 0:0 ausgehen. Aber zurück zum Verein.

Gerade der Dienst im Stadion brachte mir viel. Natürlich suchte ich mir als Balljunge immer den Platz hinter dem Tor aus. So konnte ich wie damals bei den Trainingseinheiten der Profiklubs auf dem Gelände von Weiss-Blau Niederrad die Torwarte in Aktion beobachten, nur dass es diesmal wirklich Bundesligaspiele waren und keine Trainingsspielchen. So studierte ich Alexander Nübel, Koen Casteels, Kevin Trapp, Timo Horn und viele, viele andere. Natürlich auch unsere Nummer eins, aber seine Art zu spielen hatte ich im Training bei uns auf der Anlage schon in den Monaten davor in jedem Detail beobachtet. Da man als Torwart während des Spiels nur selten seinen Strafraum verlässt, hatte ich die Profikeeper immer in meiner Nähe. Es ist wirklich unglaublich, wie verschieden doch alle sind. Während dieser Spiele als Balljunge hinterm Tor wuchs von Woche zu Woche meine Vision heran. Ich wollte die Stärken aller Top-Torleute erkennen und langsam in mein Torwartspiel einfließen lassen. Das war natürlich eine Mammutaufgabe für einen Jugendtorwart, aber ich war ja noch sehr jung und der Mensch wächst an seinen Aufgaben, sagt mein italienischer Opa Nonno Gio immer.

Das war natürlich noch Zukunftsmusik. Das Hier und Jetzt war der Balljungendienst in unserer Arena, und das Hier und Jetzt war die Deutsche Profibundesliga. Um dahin zu kommen, galt es erst mal, mit meinen Jungs die Hausaugaben zu machen, und das war aktuell die U15-Regionalligameisterschaft Südwest.

Die Saison lief gut. Wir spielten gegen viele Traditionsvereine aus dem Südwesten Deutschlands. Es waren viele gute Mannschaften und die Jungs gaben immer alles, wenn es gegen uns ging. Es war aber schwer, gegen uns zu gewinnen.

Das lag nicht nur an der Tatsache, dass wir viel Potenzial und Talent im Team hatten, sondern auch ganz andere Ausbildungsmöglichkeiten. Eine wirkliche Chance hatten nur Gegner, die selbst ein NLZ betrieben. Dazu zählten in der Liga der 1. FC Kaiserslautern, der SV Elversberg und in Leistungsvergleichen der VFB Stuttgart oder der 1. FC Köln. So kam es auch, dass sich die Meisterschaft zu einem Zweikampf zwischen den Erzrivalen 1. FC Kaiserslautern und uns zuspitzte. Jeder Punkt zählte, denn es war ein Kopf-an-Kopf-Rennen. Wir waren technisch besser, aber die Betzebube waren bekannt für ihre Physis und ihren Kampfgeist.

Ich spielte und spielte, trainierte und trainierte, lernte und lernte und wurde stärker und stärker. Mein Ziel Bundesliga verlor ich dabei nie aus den Augen. Oft lief ich an dem Platz vorbei, auf dem die U17-Jungs der B-Jugendbundesliga trainierten und träumte davon, auch mal in die Bundesliga zu kommen.

Mein Traum sollte sich erfüllen, aber bis dahin lag noch ein weiter Weg vor mir, der viel Blut, Schweiß und Tränen oder besser gesagt, Training, Athletikraum und Rückschläge bedeutete.

Die Saison lief von der Dramaturgie her auf einen perfekten Showdown am letzten Spieltag gegen Kaiserslautern hinaus. Der Spieltag wurde vor der Saison vom Verband, in einer Mischung aus Erfahrungswerten und Vorahnung bewusst so gelegt, in der Hoffnung, dass es zu dieser Konstellation kommen würde. Und es kam so. Wir spielten zu Hause und wollten von Anfang an zeigen, wer der Herr im Haus war, obwohl uns für die Meisterschaft auch ein Punkt gereicht hätte. Lautern kämpfte die erste Halbzeit allerdings wie verrückt und die Betzebube holten alles aus sich raus. Sie spielten volle Power, denn für sie zählte nur der Sieg. Ich bekam einiges aufs Tor, aber trotz bester Chancen verpassten die roten Teufel es, sich für ihren Aufwand zu belohnen. Je länger die erste Halbzeit dauerte, desto schwächer wurden ihre Kräfte, und so gingen wir mit 0:0 in die Pause.

In der Kabine und direkt nach Wiederanpfiff heizte ich meine Jungs nochmal so richtig an, und Lautern begann zu schwimmen. Nach zehn Minuten Powerplay fiel das 1:0 für uns und schon direkt danach ließen einige Rote Teufel die Köpfe hängen. Sie spürten, dass sie ihr Pulver einfach zu früh verschossen hatten. Jetzt bezahlten sie den Preis dafür. Sie wurden von Minute zu Minute schwächer und liefen fast nur noch hinterher. Am Ende stand es 3:0 für uns. Das Ergebnis war aufgrund der ersten Halbzeit zu hoch, aber das störte beim Abpfiff keinen mehr.

Meine Jungs, mein bester Kumpel Ilias El Bakhchouch und ich feiern den Meistertitel

Da war er nun, der erste wirklich große Titel für mich. U15-Regional-
ligameister Südwest. Das war der höchste Titel, den ein Vierzehnjähriger
im deutschen Fußball holen konnte, und ich hatte in meiner ersten Saison
schon einen gehörigen Anteil daran. Wir feierten den Titel in der Kabine
und ich war stolz, glücklich und kaputt.

Die Überreichung der Meistermedaille durch den Verband

„Es gibt Torwarte mit viel Talent. Es gibt Torwarte mit einer guten Physis. Es gibt Torwarte mit einer feinen Technik. Es gibt Torwarte mit einer starken Mentalität. Als NUMMER EINS brauchst du von allem ganz, ganz viel. Plus Disziplin, Glück und Spaß."

Luca Furnari

Kapitel 7
Bundesliga, ich komme
Wenn Träume wahr werden

Die Vorbereitung für die U16-Saison lief für mich optimal an. In der Sommerpause bekamen wir alle Lauf- und Fitnesspläne per E-Mail von unserem Athletiktrainer nach Hause geschickt. Ich absolvierte die gestellten Aufgaben und legte zu jeder Übung und jedem Lauf nochmal mindestens 50 % drauf. Das war kein großes Problem, da ja Ferien waren und ich genug Zeit hatte. In diesen Ferien lernte ich auch meine Freundin Flores kennen. Ich sah sie zum ersten Mal im Frankfurter Stadionbad. Sie stand vor mir in der Schlange zur 10er Plattform und fiel mir irgendwie gleich auf. Sie hatte eine sportliche Figur, lange schwarzgelockte Haare und ein feines, aber auch freches Gesicht. Als ich da so hinter ihr die Treppen des Turms hoch ging, fragte ich mich, wie sie wohl springen würde. Vom Zehner ist ja nicht so ohne. Als wir oben ankamen, war die Plattform voll wie immer. Viele meiner Kumpels aus der Siedlung oder vom EZB-Bolzplatz, mit denen ich in meiner Freizeit so abhänge, waren dabei. Es war noch nicht sicher, wer als nächstes springen sollte.

Plötzlich rief das hübsche Mädchen vor mir: „Jungs, macht mal eine Gasse!" Die ganze Bande war wirklich baff. Wie ferngesteuert ging die eine Hälfte an das linke und die andere Hälfte an das rechte Geländer der Plattform. Das Mädchen nahm Anlauf und machte einen so perfekten Köpfer vom Zehner, dass beim Eintauchen nicht ein Tropfen zur Seite spritzte. Als ich das sah, bekam ich wirklich sekundenlang den Mund nicht mehr zu, und dem Rest der Jungs ging es genauso. Ich glaube heute, das war der Moment, indem ich mich in Flores verliebt habe. Nachdem ich kurz nach ihr selber gesprungen war und so schnell wie möglich zum Beckenrand tauchte, lief ich ihr nach und fragte sie, wo sie liegen würde und ob ich mich vielleicht mit meinem Handtuch zu ihr legen durfte. Sie lachte und sagte: „Coole Idee!" Der Spruch passte irgendwie zu ihr und zwei Minuten später lag ich bei ihr. Wir quatschten den ganzen Nachmittag und ich erfuhr, dass sie selber auch Fußball spielte und Stürmerin beim FFC Frankfurt war. Das passte natürlich perfekt. Eine Stürmerin und ein Torwart. Wir waren sofort auf derselben Wellenlänge. Nun kam eins zum anderen. Drei Tage später waren wir ein Paar und verliebt bis über beide Ohren.

Flores ist wirklich ein wundervolles Mädchen, aber sie mag nicht so gerne in der Öffentlichkeit stehen. Das verstehe und respektiere ich, also zurück zu meinem Verein.

Zwei Wochen vor Saisonstart war ich topfit und völlig austrainiert. Die neue Saison startete gleich mit einem absoluten Highlight. Zur Saisonvorbereitung spielte die U17 ein Bundesliga-Masters-Turnier in Langen. Meine guten Leistungen der letzten Saison hatten sich rumgesprochen, und so wurde ich mit 14 Jahren zur U17 nominiert. Es war zwar „nur" ein Bundesligavorbereitungsturnier und noch nicht die richtige Bundesligasaison, aber trotzdem für mich eine große Ehre und eine Chance, Erfahrungen zu sammeln. Bei diesem Turnier durften nur U17 Bundesligateams aus der Südwestgruppe antreten. Das waren der SC Freiburg, der 1. FC Nürnberg, der Karlsruher SC, Greuther Fürth, Wehen Wiesbaden und wir. Ich war mit Abstand der jüngste Spieler des ganzen Turniers. Da ich zu diesem Zeitpunkt schon 1,84 m groß war und fast 75 Kilo auf die Waage brachte, merkte man mir mein Alter nicht so deutlich an. Auch mein lautes und motiviertes Auftreten auf dem Platz ließ nicht vermuten, dass ich in diesem Feld der Jüngste war, obwohl die Gegnerteams schon einige echte Brecher dabei hatten. Auch der Bartwuchs war bei einigen schon so stark, dass sie locker für einen Gillettewerbespot getaugt hätten. Unsere U17 war ein Sahnejahrgang und sollte in der kommenden Saison ein ernstes Wort um die Deutsche Meisterschaft mitreden. Die Truppe war perfekt besetzt, individuell bärenstark, und es herrschte ein Teamspirit, der seinesgleichen suchte. Die Jungs haben mich toll aufgenommen und das Turnier lief perfekt. Die wichtigsten Spiele wie das Halbfinale und das Finale machte der U17 Stammtorhüter und das war auch gut und fair so. Er hielt super in diesem Turnier und war eine echte Stütze für uns alle. Ich bekam aber auch meine Chance zu zeigen, was ich drauf hatte.

In der Vorrunde durfte ich gegen den SC Freiburg und den 1. FC Nürnberg in die Kiste. Zum ersten Mal spielte ich mit und gegen Jugendbundesligaspieler. Es war eine tolle Erfahrung für mich. Ich war ja schon in meinem jetzigen U16-Team der Jüngste, aber hier in der U17 waren alle mindestens eineinhalb Jahre älter als ich. Die Schüsse kamen wie Pfeile mit Schnitt und ganz eigenen Flugbahnen. Die Explosivität der Stürmer war enorm. Auch das Publikum war erlesen. So sah z.B. der damalige U17 Bundestrainer Christian Wück zu. Dazu Scouts und Kameras ohne Ende.

Da ich aber vor Spielen nie wirklich nervös bin, machte mir das nicht so viel aus, im Gegenteil, ich spielte mein Spiel und sortierte lautstark die Abwehr mit. Das Coole war, dass auch absolut erfahrene und verdiente Spieler, die sogar schon Nationalspieler waren, mir vertrauten und auf mich hörten. Sie verschoben die Ketten, wenn ich das anzeigte, drehten auf, wenn ich das Kommando gab, und besetzten die Pfosten, wenn ich das wollte. Als wäre ich schon immer ihr Torwart. Das zeigte mir, dass es ganz tolle und souveräne Spieler waren. Sie stellten mich in keiner Sekunde in Frage und waren sich nie zu schade, auf den jungen Torwart zu hören, wenn er die bessere Sicht auf das Spielgeschehen hatte. Das zeigte ihre wirkliche Größe, ihr Potenzial und ihren Teamspirit. Es war wirklich die beste Truppe, in der ich bis dahin spielen durfte. Wir gewannen am Ende dieses Turnier und die Jungs ließen mich sogar den Pokal entgegennehmen. Sie wussten, dass ich noch nie so ein großes Turnier gewonnen hatte und freuten sich für mich.

Der U17 / 2003er Jahrgang mit mir nach dem Gewinn des Südwest Bundesliga-Masters-Pokal

Nach dem Turnier ging die U16-Regionalligasaison los. Wir starteten etwas holprig, was daran lag, dass man ab diesem Jahrgang als Nicht-NLZ-Verein auch U17-Teams anmelden durfte. Das bedeutete, dass der größte Teil der gegnerischen Teams ein Jahr älter war. Sie spielten zwar nicht auf dem höchsten technischen Niveau, waren aber deutlich robuster und erfahrener als wir. So kam es, dass wir doch auch beim einen oder anderen Spiel Probleme hatten. Kurzzeitig geriet die Tabellenspitze sogar aus dem Blick, und wir versuchten, so schnell wie möglich wieder in die Spur zu finden. Genau in diese Phase platzte für mich der nächste Schritt in Richtung Bundesliga.

Wegen meiner gezeigten Leistungen und meiner körperlichen Präsenz wurde ich immer wieder zum Training in die U17 bestellt. Davon profitierte ich wieder.

Ich kann an dieser Stelle nur jedem Spieler dazu raten, wenn es möglich ist, bei den älteren Jahrgängen mitzutrainieren und wenn sich irgendwie die Möglichkeit auftut, auch zu spielen. Es ist die beste Schule, die man haben kann. Auch auf der Verbandsebene ging es für mich voran. Ich wurde zum ersten Mal vom Südwestverband zu Auswahllehrgängen eingeladen. Das war wieder ein Schritt nach oben, aber nicht nur in Richtung Bundesliga, sondern auch zum Nationalspieler. Ich sammelte ja zuvor schon tolle Erfahrungen beim DFB-Stützpunkt und hatte dem Verband viel zu verdanken. Umgekehrt hatte ich dort immer alles gegeben und sicher eine gute Visitenkarte hinterlassen. Als ich beim Südwestdeutschen Fußballverband war und in einem Sporthotel in Edenkoben übernachtete, machte ich mir das erste Mal im Leben darüber Gedanken, für welches Land ich eigentlich mal spielen möchte, wenn ich es jemals auf ein solches Niveau schaffen würde. Ich liebe die Nationalmannschaft genau wie mein Vater. Sie begleitete ihn und mich natürlich auch, schon unser ganzes Leben. Auf der mütterlichen Seite habe ich aber auch eine riesige italienische Familie, und wir waren in meiner Kindheit oft im Urlaub bei ihnen. Ich spüre, dass ich von beiden Nationen Wurzeln in mir trage, und sollte ich irgendwann die Wahl haben, wäre das für mich eine ganz, ganz schwere Entscheidung. Aber diese Probleme waren damals noch Zukunftsmusik und Träumereien. Jetzt ging es darum, im Verein und beim Verband Gas zu geben, um meinen Zielen näher zu kommen.

Es schien so, als sei ich da auf einem guten Weg. Mit meinen U16-Jungs hatten wir uns in den letzten Wochen in der Tabelle auf Platz zwei vorgearbeitet und in den letzten Spielen auch wieder ganz gut gespielt. Wir waren nun an die neue Liga gewöhnt und unser Trainer wurde langsam wieder zufriedener mit dem, was wir auf dem Platz zeigten.

Zudem wurde ich immer öfter in das Mannschaftstraining der U17 sowie in den Athletikraum mit dem Team bestellt. Gerade im Kraftraum war ich mittlerweile mehr als auf Augenhöhe mit den Jungs und konnte da wirklich punkten. Man sah dem Trainerteam oft die Überraschung an, wenn ich zu den vorgegebenen Gewichten nochmal dasselbe obendrauf packte und die Einheiten und Wiederholungen trotzdem immer noch locker packte. Power hatte ich wirklich schon immer. So lief das ein paar Monate. Dann kam wie aus dem Nichts die Bombe.

Es war eigentlich eine ganz normale Trainingswoche und noch ahnte ich nicht, wie nah ich an der Erfüllung meines Kindheitstraumes war. Ich trainierte gut und arbeitete auf unser U16-Spiel am Wochenende hin. Ich werde wohl nie das Abschlusstraining vom Freitag den 21.09.2019 vergessen.

Am Ende des Trainings in der Kabine sagte mir mein Trainer: „Luca, du spielst morgen nicht für uns, du bist für die U17 nominiert."

HAMMER!!!

Ich sagte: „Ok, wann soll ich da sein?"

„9.45 Uhr vor der Kabine, ist ein Heimspiel gegen Nürnberg", sagte er. Ich wusste zu diesem Zeitpunkt nicht, ob ich in der Startelf stehen oder auf der Bank sitzen sollte. Wahrscheinlich Bank, aber jetzt war ich ganz, ganz nah dran. Ich versuchte, meinen ganz normalen Rhythmus zu halten, damit ich nicht groß abgelenkt wurde. Ich duschte, fuhr mit der S-Bahn nach Hause, aß zu Abend und ging so früh wie möglich ins Bett. Normalerweise gehen dir vor einem solchen Spiel beim Einschlafen tausend Gedanken durch den Kopf, aber ich war so müde von der Woche, dass ich sofort einschlief. Am Morgen hatte meine Mutter zur Feier des Tages und um mir die nötige Power mit auf den Weg zu geben, ein gutes Frühstück zubereitet. Es gab Müsli und Vollkornbrot, und das Coolste von allem war Ovomaltine in kalter Milch. Dazu sogar frischgepresster O-Saft. Ich dachte so bei mir zum Spaß, daran könnte man sich gewöhnen. Wir fuhren zusammen mit dem Auto zum Spiel. Ich trennte mich am Parkplatz von meinen Eltern, die zum Anpfiff zum Zuschauen kommen wollten und vorher einkaufen gingen. Ich war oberpünktlich und kam tatsächlich als Erster in die U17-Kabine. Die Trikots waren schon aufgehängt, und ich sah vor mir die Nummer eins in Lachsfarben, allerdings über dem Platz des etablierten U17-Keepers. Obwohl es mein größter Wunsch war, sie anzuziehen und sie mich fast magisch anzog, war mir klar, dass mein Konkurrent den Vortritt hatte, was ich absolut akzeptierte. Er hatte einen großen Anteil an der Erfolgsgeschichte dieses Teams und an der Tatsache, dass die Jungs zu diesem Zeitpunkt auf dem zweiten Tabellenplatz der U17-Bundesliga standen. Langsam füllte sich die Kabine.

Alle begrüßten mich und clapten mich ab, als wenn ich nie woanders gewesen wäre. Der Trainer kam rein und wies die Trikots zu. Ich hatte das gelbe Ersatztorwarttrikot mit der 18. Das war ok. Ich hätte gern gespielt, aber nun galt es, meinen Torwartkollegen so gut wie möglich warm zu machen. Das ist ganz wichtig für einen Keeper, um sich direkt vor dem Spiel nochmal Selbstvertrauen zu holen und möglichst warm ins Spiel zu gehen. Jetzt ging es los. 11:00 Uhr Anpfiff. Ich nahm auf der Ersatzbank Platz und beobachtete den Gegner. Schon in den ersten zehn Minuten fielen mir verschiedene Besonderheiten an fast jedem gegnerischen Spieler auf. Die größten Waffen der Nürnberger waren aber zweifellos die zwei Stürmer. Es waren beides Nationalspieler und beide hatten enorme Qualität. Es gab keinen Zweifel, der Sturm war das Prunkstück der Nürnberger. In den ersten fünf Minuten tasteten sich beide Teams ab und es passierte nicht viel. Jetzt nahm Nürnberg das Heft in die Hand. Sie drehten zwei, drei Minuten voll auf, und nach einem saustarken Außenristpass der Nummer dreizehn von halbrechts in den Lauf des in den Strafraum gestarteten Zehners des Clubs blieb unserem Innenverteidiger nur noch die Möglichkeit, den Nürnberger umzugrätschen. Keine Frage, das war ein klarer Elfmeter. Es beschwerte sich auch keiner von uns. Den Elfer schoss die Nummer sieben flach in die von ihm aus rechte Ecke. Unser Keeper entschied sich für die andere Ecke und BAAAM 1:0 für den Club.

Meine Jungs schienen etwas geschockt und brauchten einige Minuten, um sich zu sammeln, aber der nächste Einschlag folgte kurz danach. Ich ahnte zu diesem Zeitpunkt noch nicht, dass ich ganz, ganz kurz vor der

Erfüllung meines Traumes und dem Erreichen meines großen Zieles, Bundesliga zu spielen, stand. Gleichzeitig sollte aber auch in wenigen Sekunden die größte Aufgabe in meinem bisherigen Torwartleben auf mich zukommen. Es begann ganz harmlos. Es war genau in der zweiundzwanzigsten Minute, das konnte ich später im Spielbericht lesen. Nürnberg baute über rechts relativ gemütlich das Spiel auf. Plötzlich kam aus dem Nichts die Tempoverschärfung. Der Ball wurde über rechts steil gespielt. Der Rechtsaußen des Clubs zündete den Turbo, und unser Torwart stand vor der Entscheidung, im Tor zu bleiben oder ins Laufduell mit dem Stürmer zu gehen. Er entschied, blitzschnell zu kommen und sprintete los. Das Problem war allerdings, dass er es mit einem der schnellsten U17-Stürmer in ganz Deutschland zu tun hatte. Der Torwart kam einen halben Schritt zu spät. Damit der Stürmer den Ball nicht an ihm vorbeilegen konnte, ging der Keeper zu Boden und hielt den Ball mit der rechten Hand.

Das Problem war allerdings, dass er schon ca. zwei Meter aus seinem Strafraum draußen war. Der Schiri pfiff die Situation sofort ab, kam auf unseren Schlussmann zu und zückte glatt rot. Vereitelung einer klaren Torchance. Wirklich alle waren in Schockstarre, das konnte man in ihren Augen sehen. Besonders hart war es für meinen Torwartkollegen, der gerade Rot bekommen hatte. Er hielt sich beide Hände vors Gesicht und kam zur Bank. Ich klopfte ihm kurz auf die Schultern, da bekam ich schon das Zeichen, mich fertig zu machen. In dem ganzen Trubel wurde mir erst jetzt plötzlich bewusst, was gerade passierte. Ich zog meinen Trainingsauszug aus und betrat am 22.09.2019 genau um 11:23 Uhr, zweieinhalb Jahre nachdem ich den Kreisklasseplatz bei Weiss-Blau Niederrad zum letzten Mal verlassen hatte, die große Bühne Jugend-Bundesliga. Alles lief in meinem Kopf in Zeitlupe ab. Ich kann heute noch jeden Meter von der Mittellinie bis ins Tor vor meinem inneren Auge sehen. Doch dann pfiff der Schiri wieder an, und das holte mich zurück ins Hier und Jetzt. Es gab keinen Zweifel, dass sollte wirklich das wichtigste Spiel meines bisherigen Lebens werden, und es wurde das Beste, das ich jemals gemacht hatte. Es ging sofort los. Die Nürnberger hatten jetzt natürlich eine breite Brust. Sie führten 1:0, waren einer mehr und drückten jetzt aufs Tempo. Die Nummer sieben drang über halbrechts in den Strafraum ein. Es waren zwei Abwehrspieler in seiner Nähe, aber nicht nah genug an ihm dran, um ihn zu bremsen. Er legte sich den Ball ganz kurz auf rechts, schlug einen Haken durch die Verteidigung nach links und zog flach aus sechs Metern ab. Der Ball sollte ins von mir aus linke untere Eck gehen. Die Bewegung des Sieveners war perfekt. Extrem geschmeidig und dynamisch. Technisch absolut top. Der Schuss war platziert und sehr fest. Eigentlich hatte er alles richtig gemacht, ich ahnte seine Bewegung aber voraus, kippte extrem flach links ab und war blitzschnell mit einem Reflex mit der linken Hand draußen. Der Ball war pariert, sprang vor mir auf und konnte von unserem Innenverteidiger kontrolliert werden. Der Siebener der Nürnberger fluchte, und unser Trainer klatschte und puschte mich laut. Heute glaube ich, das war die Schlüsselszene in diesem Spiel. Wenn das Ding drin gewesen wäre, hätten wir mit zehn Mann 2:0 hinten gelegen. Es war aber nicht drin. Keine Frage, ich war im Spiel und voll Adrenalin. Es ist das Beste für einen Torwart, wenn er gleich in der ersten Situation so ein Ding pariert, dann läuft das Spiel ganz anders. Dieser Save war auch die Initialzündung für meine Jungs. Egal ob mit zehn oder elf Mann, wir mussten das Spiel drehen.

Die ganze Körpersprache unseres Teams zeigte jetzt auf Kampf, und so spielten wir mutig, direkt und konsequent nach vorne. Es war natürlich ein großes Risiko, denn Nürnberg hatte mit der Zehn und der Sieben die schnellsten Stürmer der Liga, aber wir lagen hinten, also was blieb uns übrig. Ich peitschte mich und meine Jungs pausenlos an, denn ich spürte, es lag was in der Luft. In den nächsten Minuten erkämpften wir uns ein, zwei Abschlüsse, aber etwas wirklich Gefährliches sprang dabei nicht raus. Auch Nürnberg hatte in der Folge eine Kontergelegenheit, die sie aber nicht sauber zu Ende spielten. Dann kam die 29. Minute. Es war ein hoher Ball aus dem halblinken Mittelfeld in den Strafraum des Clubs. Unser Stürmer verarbeitete den Ball aus der Luft perfekt. Der Ball in Hüfthöhe klebte förmlich an seinem linken Fuß. Eine Körpertäuschung nach links, Haken nach rechts und mit der Innenseite des rechten Fußes ins lange Eck. TOOR!!!!!!! War das FETT!!!!! und schwer zu halten für mein Gegenüber.

„Die richtige Antwort" rief unser Co-Trainer euphorisch über den Platz und da hatte er recht. Das war genau die richtige Antwort. Der Ausgleich war ganz wichtig, denn jetzt waren wir wieder im Rennen. Leider folgten bis zur Halbzeit wirklich wilde und wütende Angriffsversuche der Nürnberger, und wir konnten kaum noch für Entlastung sorgen. Immer wieder brachen sie auf den Flügeln durch oder kamen zu Standards. Es war eng in dieser Phase, aber wir hielten dicht. Kurz vor der Halbzeit konnten wir uns etwas befreien, aber eigentlich retteten wir uns förmlich mit dem Halbzeitpfiff in die Pause. In der Kabine stellte uns unser Trainer taktisch auf die neue Spielsituation ein und putschte uns in einer Ansprache an das ganze Team und danach mit kurzen Einzelgesprächen auf, damit wir mit breiter Brust ins Spiel zurück kamen.

Die ersten fünf Minuten der zweiten Hälfte waren sehr zerfahren. Beide Teams kämpften im Mittelfeld um die Hoheit. Der erste Ball der zweiten Halbzeit für mich war ein Freistoß, ca. 20 Meter vorm Tor, halblinks. Der Schütze schoss direkt aufs Tor, aber die Flugkurve war etwas zu hoch, und ich pflügte den Ball locker aus der Luft. Ich versuchte, das Spiel schnell zu machen, aber da wir einer weniger waren, fehlten mir etwas die Anspielstationen. So startete ich besser einen kontrollierten Spielaufbau. Zwei Minuten später kam aus meiner Sicht der wichtigste Save der zweiten Hälfte. Wir hatten einen leichten Ballverlust in Höhe der Mittellinie. Der Sechser des Clubs schaltete blitzschnell um, spielte flach seinen Siebener an, der mit dem Rücken zu meinem Tor an der Strafraumgrenze lauerte.

Er nahm den Ball aber nicht an, sondern ließ ihn einfach klatschen. Nun chipte der Sechser den Ball genau in den Lauf des Zehners. Der war mit Vollspeed in den Strafraum gestartet und stand völlig blank vor mir. Er konnte sich eigentlich die Ecke aussuchen und hätte mich vorher noch fragen können, wo ich ihn hinhaben will. Aber obwohl das ein Nationalstürmer auf absolutem Topniveau war, macht er den gleichen Fehler gegen mich wie viele Stürmer früher in der Kreisklasse. Er versuchte, den Ball so an mir ins lange Eck vorbei zu schieben, dass ich auf jeden Fall zu spät wäre, wenn ich runtergehen würde, aber genau wie früher schnellte mein linkes Bein in Vollstreckung und parallel zum Rasen blitzschnell raus. Das war eine tausendprozentige Torchance und der Stürmer fluchte, genau wie sein Trainer. Die Zuschauer riefen wirklich: „Das ist der Wahnsinn!" Ich hatte ihn geknackt. Das hatte ich meinem Yogalehrer zu verdanken. Von nun an wurde ich immer stärker. Es gab keinen Zweifel: Luca Furnari was on fire. Jetzt entstand ein offener Schlagabtausch. Nürnberg wollte das Spiel unbedingt gewinnen und stand jetzt auch selbst sehr hoch. Nun war für mein Team wichtig, dass es einen mitspielenden Torwart hatte. Meine Jungs brauchten eine zusätzliche Anspielstation. Ich verteilte die Bälle klug und sauber. Alle Pässe und vor allem alle Flugbälle von mir landeten präzise bei uns, doch der Druck wurde immer größer. Nach fünfzehn Minuten gab es einen Freistoß von der Seitenauslinie. In der Mitte des Fünfmeterraums lauerte eine Traube von Nürnbergern. Dazwischen zwei von meinen Jungs. Der Ball wurde mit dem linken Fuß scharf in Richtung Tor getreten. Es gelang unserer Abwehr zwar, den Ball rauszuschädeln, der zweite Ball fiel aber genau auf den Fuß eines Nürnbergers. Der zog sofort ab, doch der Ball rutschte über seinen rechten Spann, und so entstand eine ganz gefährliche Bogenlampe, die sich in den linken Winkel genau ins Eck gesenkt hätte. Wenn ich sofort abgesprungen wäre, wäre der Ball hinter mir im Tor heruntergekommen. Da er für seine Flugkurve aber etwas mehr Zeit brauchte, machte ich noch einen Sidestep nach links und schnellte wie eine Sprungfeder diagonal in den linken Winkel. Ich schnappte mir den Ball, hielt ihn mit beiden Händen fest und begrub ihn beim Landen unter mir. Wieder hörte ich die Zuschauer raunen, klatschen, fluchen und jubeln. Mein Trainer rief „super, Luca!", und ich spürte wieder diese Magie des Momentes, wie sie nur der Fußball hat.

Es gab aber wenig Zeit, das zu genießen. Der nächste Angriff von Nürnberg rollte. Nach ca. fünf Minuten brach Nürnberg auf der rechten Außenbahn durch, und wir mussten den Ball unter Druck zur Ecke klären. Ich sortierte die Abwehr.

Als der Ball reingetreten wurde, löste sich der Zehner im Rücken der Abwehr und lief am langen Pfosten hinter mir aufs Tor zu. Ich beobachtete die Flugbahn des Balls ganz kurz und erahnte den Plan. Der Ball kam relativ hoch rein und sollte sich am zweiten Pfosten senken. Wenn ein Torwart in der Situation einen Schritt nach vorne macht anstatt parallel zur Torlinie, hat er keine Chance mehr, an den Ball zu kommen. Ich behielt den Ball während seines ganzen Fluges fest im Blick und bewegte mich auf der Torlinie zum langen Pfosten. Als der Ball sich senkte, stieg der Zehner von Nürnberg frei zum Kopfball hoch. Der Ball hätte sich genau auf seinen Kopf gesenkt, aber ich sprang im richtigen Moment hoch und bekam wirklich nur einen Zentimeter die Fingerspitzen an den Ball. So lenkte ich ihn ganz knapp über den Schädel des einköpfbereiten Zehners. Der fluchte wieder und mein Trainer schrie „Ja, Luca, stark, Junge!" Jetzt brauchten wir unbedingt Entlastung und neue Power, denn es waren noch ca. zehn Minuten zu spielen und Nürnberg ging auf Sieg. Wir hatten drei neue Spieler auf einmal gebracht, damit uns nicht die Kraft ausging. Nürnberg brachte einen weiteren Stürmer für einen Abwehrspieler. Wir versuchten, uns durchzukombinieren, aber blieben immer wieder hängen. Das Spiel neigte sich dem Ende entgegen, da bekam der Club seine letzte Großchance in diesem Krimi. Im Mittelfeld vertändelten wir den Ball im Aufbauspiel. Wieder steckte der Siebener blitzschnell den Ball zum durchstartenden Zehner durch. Die zwei Jungs waren wirklich der Hammer und immer brandgefährlich. Der Zehner nahm den Ball nicht an, sondern lupfte ihn ganz leicht über das gestreckte Bein unseres anfliegenden Innenverteidigers und sprang anschließend selber darüber. Dann ging er mit Vollspeed zentral aufs Tor zu. Obwohl er technisch der beste Spieler von allen war, legte er sich den Ball einen Tick zu weit vor. Das war meine Chance. Ich spurtete los und warf mich mit gestreckten Armen und dem Kopf voraus ihm und dem Ball entgegen. Ich riskierte, falls er durchziehen würde, eine Verletzung am Kopf oder wenn er eher am Ball sein sollte, einen Elfmeter für ihn. Der Stürmer war aber so überrascht von meiner Reaktion, dass er ganz kurz zuckte und den Rhythmus in seinen Schritten etwas verlangsamte. Das waren die entscheidenden Bruchteile einer Sekunde und ich war wieder vor ihm am Ball. Ich glaube, dass der Zehner dieses Spiel und mich bis heute nicht vergessen hat. Nach all diesen Riesenchancen und einem Mann mehr hatte Nürnberg nur ein Tor erzielt. Wie es im Fußball so ist, wenn du deine Dinger nicht reinmachst, kommt es, wie es kommen muss. In der zweiten Minute der Nachspielzeit bekamen wir noch einmal einen Freistoß wegen eines taktischen Fouls zehn Meter hinter der Mittellinie.

Unsere Nummer acht spielte den Ball mit links unserem Zehner in den Lauf. Der flankte ihn von der Grundlinie zurück auf den Elfmeterpunkt, und unser Siebzehner schoss ihn ganz trocken halbhoch links ins Tor. Fußball kann so einfach, aber auch so brutal sein. Jetzt rasteten alle völlig aus. Unser Torschütze rannte völlig außer sich zur rechten Eckfahne. Vom Spielfeld folgten ihm meine Jungs. Von der Bank kamen sie von der anderen Seite. Als sie ihn erreicht hatten, sprangen sie auf ihn, drückten ihn und feierten ihn wie einen Helden. Da ich über den ganzen Platz rennen musste, war ich erst spät bei ihm und konnte ihn in der Mitte der Traube kaum noch erkennen. WAHNSINN!!! Wirklich. Dieses Gefühl kann man nicht beschreiben.

Nach ein paar Minuten Jubel pfiff der Schiri sogar nochmal an. Die Nürnberger versuchten mit aller Kraft, noch zu einem Abschluss zu kommen, aber meine Jungs bolzten und schädelten alles gnadenlos hinten raus, und nach zwei Minuten kam der erlösende Schlusspfiff. Das Publikum feierte, und die Nürnberger sanken erschöpft zu Boden. Auf dem Weg zum Mittelkreis klopfte ich ihnen auf die Schulter und gab ihnen die Hand. Alle meine Jungs machten das natürlich genauso.

Der Club war ein harter, aber fairer Gegner, und sie hätten sich mindestens einen Punkt verdient gehabt. Aber so ist Fußball. Im Mittelkreis angekommen, gratulierten mir meine Jungs, die Trainer sowie die Betreuer und die Physios, zu dem geilen Spiel und meinem perfektem Bundesligadebüt. Jetzt wurde mir erst richtig bewusst, dass ich meinen Traum erfüllt hatte. Am 02.01.2017 hatte ich Weiss-Blau Niederrad in der Kreisklasse A in Frankfurt am Main verlassen und wechselte zum SC Hessen-Dreieich in die Kreisliga. Heute, am 22.09.2019, zwei Spielzeiten später, machte ich mit vierzehn Jahren mein erstes Punktspiel in der U17-Bundesliga als jüngster Torwart aller Zeiten mit zwei Jahre älteren Mit- und Gegenspielern. Zwischen der Kreisliga A und der 1. Bundesliga beträgt der Unterschied je nach Bundesland im deutschen Herrenvereinsfußball sage und schreibe elf Ligen. Auch wenn ich immer mit beiden Beinen auf dem Boden bleiben werde, bin ich darauf verdammt stolz. Das war eine Nummer, die werde ich wohl meinen Enkelkindern noch erzählen.

Die Eintrittskarte meines Vaters zu meinem ersten U17-Bundesligaspiel

„Glaub an DICH! Dann kannst DU alles schaffen!"

Luca Furnari

Kapitel 8

Der Corona-Schock

Eine ganze Welt auf Pause

Nach diesem für mich wirklich richtungsweisenden Spiel wurde ich immer wieder von der U17 zum Training oder zu Spielen geholt. Es war schon ein tolles Gefühl. Ich durfte zu wichtigen Auswärtsspielen mit nach Hoffenheim oder Stuttgart fahren. Bei sehr weiten Anreisen wie zum Beispiel nach Augsburg fuhren wir mit einem großen Fünfzigmannbus, wie er auch für die erste Mannschaft der Bundesligateams benutzt wird. Wir übernachteten dann in Hotels, da es, wenn ein Spiel um 11:00 Uhr angepfiffen wurde, nicht möglich gewesen wäre, am gleichen Tag anzureisen. Das war schon sehr nah am Profifußball dran. Wir starteten mit einem großen Team. Neben der Mannschaft natürlich unser Trainer, der Co-Trainer und der Torwarttrainer. Dazu die Physios, die Betreuer, die Videoleute und natürlich der Busfahrer.

Das U17-Team betrachtete mich als festen Bestandteil der Mannschaft. So konnte ich eine Menge lernen und begriff, was es heißt, ein Bundesligaspieler zu sein. Vier- bis fünfmal die Woche Training, manchmal zwei Einheiten am Tag. Auswärtsfahrten durch ganz Deutschland. Zuschauer, die Eintritt zahlten, Presse, Videoteams und Scouts von anderen Vereinen oder Spielerberateragenturen gehörten natürlich auch zu dieser neuen Welt. Das war alles sehr aufregend für einen Vierzehnjährigen, aber mein Vater sagte mir immer: „Junge, lass dich nicht verrückt machen. Konzentrier dich auf dein Training und auf deine Schule, dann kommt der Rest von ganz alleine." Und so mache ich es auch. Ich versuchte, in der Schule im Unterricht so viel wie möglich mitzubekommen, damit ich nachmittags und an den Wochenenden den Rücken frei hatte für das Training und die Spiele. Ich ernährte mich gut, schlief viel und versuchte, auch neben dem Platz auf meinen Körper zu achten.

Wenn Zeit blieb, machte ich Yoga mit Mood oder ging ins Fitnessstudio. Ich hatte von meinem Onkel eine Mitgliedschaft für Jugendliche in dem gleichen Gym, in dem er selber auch trainierte, geschenkt bekommen und konnte mit meiner eigenen Karte rein. Ich spürte wieder wie schon so oft zuvor, einen starken Entwicklungs- und Wachstumsschub und wurde wieder etwas stärker und besser. Auch unser Team wurde immer besser.

Hatten wir noch zu Saisonbeginn mit Hoffenheim, Bayern München oder dem VfB Stuttgart um die Spitzenplätze gekämpft, so eilten wir im Laufe der Saison von einem Sieg zum nächsten. Wir gewannen einfach alles. Wir hatten zwischenzeitlich schon drei Punkte Vorsprung auf die Verfolger und standen auf Platz eins. Ich selber pendelte im Training zwischen U16 und U17 hin und her und bekam somit die Entwicklung und den Saisonverlauf beider Teams mit. Das entscheidende Spiel um die U17-Herbstmeisterschaft sollte das Spiel am 26.10.2019 auf dem neuen Campus bei Bayern München werden. Bayern war wie immer Favorit, und Miroslav Klose, der zu diesem Zeitpunkt Trainer der U17 von Bayern München war, hatte seine Jungs sicher gut auf uns eingestellt. Trotzdem konnten auch die großen Bayern uns nicht stoppen, und wir gewannen 3:2 in München. Jetzt war allen klar, dass unsere U17 ein ganz großes Wort um die diesjährige Deutsche U17-Meisterschaft mitreden würden. Die Mannschaft punktete weiter und weiter, und so setzten wir uns bis in den Februar 2020 auf vier Punkte Vorsprung von den härtesten Verfolgern FC Bayern und TSG Hoffenheim ab. Dazu kam, dass beide Teams im Rückspiel noch zu uns mussten. Es lief wirklich alles auf einen Meistertitel hinaus.

Genau in diese Phase platzte dann allerdings etwas, was die Menschheit, die Welt und auch der Fußball so noch nie erlebt hatte. Corona.

Genau einen Tag, bevor das Nachwuchsleistungszentrum präventiv und vorrübergehend geschlossen wurde, hatte ich noch ein langes Gespräch mit dem Trainerteam, bei dem mir signalisiert wurde, dass der

Verein gern mit mir langfristig planen wolle und mit mir in der U17 und U19 der Jugend-Bundesliga um den Titel spielen will. Da ich in den letzten Monaten auf Topniveau gespielt und trainiert hatte, wurden natürlich auch schnell zahlreiche andere Nachwuchsleistungszentren auf mich aufmerksam. Zwei ganz große deutsche Vereine hatten zu meinen Eltern sogar schon Kontakt aufgenommen und wollten mich für die neue Saison unbedingt verpflichten. Welche Clubs das waren, möchte ich aus Diskretionsgründen hier nicht schreiben. Das gehört sich nicht und ich glaube, das wäre auch unprofessionell. Meine Eltern sagten mir aber, dass die Anfragen der beiden Clubs absolut seriös und verbindlich gewesen seien und dass sie meinen Verein auch darüber informiert hätten. Wie immer in solchen Situationen setzten wir uns noch am selben Abend im Kreise der Familie zusammen und berieten, was das Beste für mich und meine Entwicklung sei. Die Sache war schnell klar und wir waren uns eigentlich auch alle einig.

Die damalige Scoutingabteilung meines Vereins hatte mich entdeckt, die Trainer waren meine Ausbilder und Mentoren, und der Club hatte mir diese Chance erst ermöglicht. Ich hatte dem Verein also viel zu verdanken. Zudem war ich ja noch in Frankfurt auf dem Gymnasium und ein Schul- und Ortswechsel in diesem Alter bedeutet immer Trennung von der Familie, den Freunden und der Freundin. All das sprach dafür zu bleiben. Ein weiterer Grund war die Tatsache, dass die Durchlässigkeit in den Profibereich bei ganz großen Vereinen immer sehr gering ist, weil dort hochbezahlte Stars den Kader stellen und da oft wenig Raum für Nachwuchsspieler ist. Als Jugendspieler willst du natürlich irgendwann auch Profi werden und mit Fußball deinen Lebensunterhalt verdienen. Wenn es perfekt läuft und du das Zeug dazu hast, kannst du irgendwann sogar in der Bundesliga spielen und mit deinen Jungs um einen Euroleague- oder sogar Championsleagueplatz kämpfen.

Für eine solche Entwicklung waren die Chancen bei uns einfach höher. Hier schafften einen solchen Sprung in die erste Mannschaft fast jede

Saison einige Spieler aus der eigenen U19 oder U23. Allerdings gab es bei uns nur eine U17 und U19, was für den jüngeren Jahrgang U19 immer ein Jahr mit wenig oder gar keinen Einsatzzeiten bedeutete. All das galt es zu bedenken. Am Ende entschied ich mich, für das bevorstehende U17-Jahr bei meinem Verein zu bleiben und habe es im Nachhinein auch nicht bereut. Mein Vater sagte den interessierten Vereinen, dass wir uns sehr geehrt fühlten, wenn so große und erfolgreiche Vereine Interesse an mir hätten. Da ich mich aber momentan sehr wohl fühlte und mich in diesem Umfeld optimal entwickeln würde, müssten wir leider aktuell absagen.

Genau am nächsten Tag kam dann die Nachricht des ersten harten Lockdowns. Kein Training mehr, keine Spiele mehr und sogar keine Schule mehr. WAHNSINN! Das fühlte sich an, als wenn man mit einem Formel-1-Wagen bei Tempo 350 eine Vollbremsung macht. Aus fußballerischer Sicht war das wohl für die U17-Jungs und mich am härtesten. Wir hatten zu diesem Zeitpunkt schon vier Punkte Vorsprung zu Hoffenheim und fünf Punkte zu Bayern. Eine größere Chance, Deutscher Meister zu werden, bekommt man eigentlich nie. Gerechterweise bekamen wir nachträglich den deutschen U17-Meistertitel Südwest vom Verband zuerkannt. Aber das war nur Fußball. Viele andere Menschen hatten noch deutlich schwerer zu kämpfen.

Die alten Menschen in den Pflegeheimen, die Eltern zu Hause, die den Onlineunterricht ihrer Kinder betreuen mussten und gleichzeitig Homeoffice machten, die Pfleger und Pflegerinnen, die Mediziner und Medizinerinnen in den Krankenhäusern oder die Leute an den Supermarktkassen. Diese Menschen gaben wirklich alles in dieser Zeit, und fast alle wurden von dieser Katastrophe hart getroffen. Sehr, sehr viele Menschen starben und das rund um den Globus.

Der komplette Weltfußball wurde lahmgelegt und sogar die olympischen Spiele verschoben. Es war wirklich ein Ausmaß, welches es so außer in Kriegszeiten noch nie gegeben hatte.

Die Anfangstage im ersten Lockdown waren für mich die schwierigsten. Es gab noch keine entwickelten Alternativangebote. Die Vereine, Schulen und Arbeitgeber waren damit beschäftigt, coronataugliche Ersatzinhalte und Konzepte zu entwickeln, um das plötzlich entstandene Vakuum zu füllen. Ich versuchte mich fit zu halten, um meinen Rhythmus nicht ganz zu verlieren. So ging ich jeden Morgen in den Stadtwald joggen. Schwimmen oder Krafttraining im Fitnessstudio war nicht möglich, da alles geschlossen hatte. Zum Glück hatte ich mein kleines Räumchen im Keller. Dort hielt ich mich selber fit. Ich hatte ja meine Hantelbank, die ich mir von meinen 1000 Euro Preisgeld für den gewonnenen Torwart-Talent-Award gekauft hatte, dazu eine Gymnastikmatte, Gummibänder und meinen Boxsack. Das war mehr, als ich in dieser verrückten Zeit erwarten konnte. Dazu arbeitete ich mit meinem Bosu-Ball und machte mir einen Trainingsplan, der meine Zeit so ähnlich einteilte wie in der Zeit vor Corona.

Auch die Essenszeiten versuchte ich beizubehalten. Nur in der eigentlichen Schulzeit von 8:00 bis 13:45 Uhr entstand in den ersten Wochen ein Vakuum. Zum Glück waren meine Freunde und ich schon vor Corona multimedial gut vernetzt, sodass wir diese freie Zeit sinnvoll nutzen konnten. Überall gab es Berichte über Menschen, die in diesen schweren Zeiten mit massiven Problemen zu kämpfen hatten. Gerade die älteren Menschen und die kleinen Kinder und ihre Eltern litten besonders schwer unter der Situation. Ein Freund von mir kam auf die Idee, bei uns in der Heimatsiedlung eine Aktion zu starten, um Bewohnern unseres Stadtteils in den schweren Zeiten etwas zu helfen. Klar war, dass ältere Menschen am gefährdetsten waren. So starteten meine Freunde eine Einkaufshilfe für ältere und schwache Menschen. Das lief ganz unbürokratisch.

Diese Menschen kannten wir alle seit Jahren und sie uns schon seit unserer Kindheit. Wir lebten praktisch unser ganzes Leben mit ihnen Tür an Tür oder Block an Block. Mal zum Supermarkt, zur Post oder zur Apotheke gehen, war für meine Freunde kein Problem und für die älteren Leute eine große Hilfe.

Ich selber schloss mich dieser Sache aber nicht an. Ich versuchte, den Kontakt zu anderen Menschen im Supermarkt oder in den öffentlichen Verkehrsmitteln zu meiden. Ich wollte eine Ansteckung auf jeden Fall vermeiden. Für Leistungssportler ist eine Infektion der Lunge sehr riskant. Da ich vor dem Lockdown durch meinen Sport mit sehr vielen verschiedenen Menschen aus verschiedenen Regionen Deutschlands in Kontakt war, wäre ich auch ein erhöhtes Risiko für die älteren Menschen gewesen. Nicht, dass ich zu einer Risikogruppe gehört hätte, und ich denke auch, dass Corona mich nicht völlig aus der Bahn geworfen hätte, aber auch die Spätfolgen einer Infektion waren noch nicht erforscht, und so machte ich bei der Einkaufsaktion nicht mit. Trotzdem fand ich einen Weg, anderen Menschen in dieser Situation zu helfen. Ich konzentrierte mich nicht auf ältere Menschen, sondern suchte etwas, was ich von zu Hause aus machen konnte. Da mein Vater Sozialarbeiter ist und viel an Schulen zu tun hat, war die Idee, Kindern online bei den Hausaufgaben zu helfen, schnell geboren. Mein Vater stellte die Kontakte zu den Eltern her. Nach ein paar Tagen ging es schon mit ein paar Knirpsen los. Es waren alles Grundschüler. Drei Jungs und ein Mädchen. Die Aufgaben waren noch ganz leicht, trotzdem freuten sich die Kleinen, und die Eltern wurden etwas entlastet. Mir machte die Sache großen Spaß, und ich hielt diese Hilfe auch bis zu den Sommerferien aufrecht. Danach holte ich zwei der Kleinen sogar in die Schreibwerkstatt, die einmal die Woche bei uns in der Stadtbücherei stattfindet und die interessierten Kindern die Möglichkeit gibt, ihrem Hobby nachzugehen und ihr Talent weiterzuentwickeln. Irgendwie erinnerte mich das an meine eigene Kindheit und auch an die „Riedhof-Rockers". Die Kindheit ist etwas Wunderschönes und ich wünschte, jedes Kind auf der Welt könnte so eine schöne Kindheit haben, wie ich sie hatte.

In der Zwischenzeit konnte der Verein auch sehr schnell, professionell und flexibel auf die neue Situation reagieren und ein starkes Alternativprogramm entwickeln. Über Videochat wurde sich regelmäßig zwischen Trainern, Torwarttrainern, Athletiktrainern und den Mitspielern ausgetauscht. Es gab individuelle Trainingspläne und verschiedene zusätzliche Aufgaben, die Spaß machten und für gute Laune in der düsteren Zeit sorgten.

Ich muss sagen, dass der Verein und alle Beteiligten das wirklich super gemacht haben. In der multimedialen Beschulung durch mein Gymnasium lief es hingegen nicht so gut. Man merkte schon, dass viele Kinder weder die technischen Möglichkeiten noch Erfahrungen im Onlineunterricht hatten und mit der Situation erst mal zurechtkommen mussten. Auch die Eltern hatten anfangs so ihre Probleme damit. Ich war auf dem Gebiet aber zum Glück relativ sicher, und so machten mir die Hausarbeiten keine großen Probleme.

Der Lockdown schritt voran und nach einigen Wochen kamen die ersten Lockerungen. Langsam konnte man wieder zu einigen Menschen mit Abstand und Maske Kontakt aufnehmen. Die Bundesliga durfte wieder spielen, allerdings ohne Zuschauer, und auch die Nachwuchsleistungszentren öffneten unter strengsten Abstands- und Hygieneregeln wieder ihre Tore. Für mich als Torwart war es relativ einfach, wieder Tritt zu fassen.

Erstens hatte ich mich wirklich, so gut es möglich war, fit und geschmeidig gehalten und zweitens sind Torwarttrainingseinheiten sowieso oft isoliert vom Rest des Teams, sodass wir nicht das Problem hatten, extra in kleinen Gruppen trainieren zu müssen, wie es die Feldspieler taten. Wir Torleute waren auch schon vor Corona meistens in Zweier- oder Dreiergruppen auf dem Platz oder im Athletikraum. Was fehlte, waren somit nur die Einheiten in Spielformen mit dem ganzen Team, was schade war, da Spielen mit meinen Jungs immer viel Spaß machte. So ging das bis in die Sommerferien.Trotz zum Teil zwei Trainingseinheiten pro Tag blieb in der schulfreien Zeit gerade an den Wochenenden noch viel Freizeit. Daher entschloss ich mich, parallel zum Training noch in unserer Siedlung an der Quartiersarbeit meines Vaters teilzunehmen. Arbeit ist da wohl das falsche Wort, denn es machte mir riesigen Spaß, weil es eine tolle Abwechslung zum Training war und den Menschen half, mal für ein paar Stunden die ganzen Probleme zu vergessen.

Es ist schon irre, einen solchen Weg in so kurzer Zeit zu gehen. Ich bin froh, diese Erfahrung hier mit euch teilen zu können. Nach den ersten vier Wochen Sommerferien war es endlich soweit. Das einwöchige Trainingslager meiner U17 im Sauerland stand an. Die Coronalage hatte sich bis zu diesem Zeitpunkt gut entwickelt, und so standen in der Vorbereitung sogar Spiele gegen die U17 von Borussia Dortmund sowie gegen die U19 von Elversberg und die U17 der Offenbacher Kickers an. Ich spielte alle Spiele durch und fühlte mich topfit. Wir besiegten Borussia Dortmund mit 3:1, bezwangen Elversberg mit 4:0 und auch die Kickers aus Offenbach kassierten eine derbe 8:0 Niederlage.

Meine Jungs und ich gegen die U17 von Borussia Dortmund

Es gab keinen Zweifel, meine Jungs und ich waren schon wieder richtig gut drauf und in einer super Frühform. Zu diesem Zeitpunkt hatten wir seit sage und schreibe eineinhalb Jahren kein Spiel mehr verloren, in dem ich in der Kiste stand. Egal ob gegen den 1. FC Köln, den 1. FC Nürnberg, Borussia Dortmund oder Bayer Leverkusen. Egal ob U17-Bundesligaspiel, U16-Regionalligaspiel oder Testspiel. Keine einzige Niederlage mit mir in der Kiste. Da bin ich wirklich stolz auf meine Jungs und mich. Ab und zu erwische ich mich, wie ich darüber nachdenke, wer uns wohl die erste Niederlage zufügen wird, denn eins ist sicher, auch die längste Serie reißt irgendwann.

U17 Bayer Leverkusen gegen uns

Die Wochen vergingen, und wir alle fieberten dem Saisonstart in der U17-Bundesliga entgegen. Im Sommer waren die Coronainfektionszahlen stark zurück gegangen und obwohl wir wirklich vorsichtig bleiben mussten, stieg die Hoffnung auf eine ungestörte U17-Bundesligasaison. Leider war diese Hoffnung vergebens.

Schon im September stiegen die Infektionszahlen wieder leicht an und im Oktober und November schossen sie förmlich durch die Decke. Damit war an Jugendfußball natürlich nicht mehr zu denken. Was folgte, war erst ein leichter Lockdown gefolgt von einem harten Lockdown, aber das wisst ihr ja leider alles selber.

So beende ich dieses Buch Ende Dezember 2020 mitten in der heruntergefahrenen Welt und brenne darauf, dass es bald wieder losgeht und ich meinen Weg zum Fußballprofi weiter gehen kann.

Nachtrag des Autors

Ich danke euch allen für euer Interesse an diesem Buch und hoffe, es hat euch Spaß gemacht. Ich würde mich freuen, wenn ihr mal auf der Website unter www.luca-furnari.de oder auf Instagram unter @luca.furnari04 vorbeischauen würdet, um zu checken, wie es mit Luca weitergeht. Da könnt ihr dann auch mal ein paar bewegte Bilder in Aktion zwischen den Pfosten sehen.

Euer Stefan Henrich

„The Red Head" fliegt

Nachtrag von Luca

Zwischen der Fertigstellung und der Veröffentlichung dieses Buches haben sich noch drei für mich sehr bedeutende Dinge ereignet, die ich den Erzählungen in diesem Buch noch anfügen möchte.

Im Laufe des zweiten harten Lockdowns ist aus der Nachbarschaftsinitiative der Heimatsiedlung, welche meine Jungs und ich im März 2020 starteten, eine noch deutlich größere Hilfsaktion geworden. Nach dem Motto „Fußball ist Solidarität – *genau jetzt*" richtet sich die Kampagne gegen Ausgrenzung und Diskriminierung aller Art und ruft zur Solidarität aller Fußballfreunde/innen auf.

Viele junge Leute, darunter auch die Jungs vom Bolzplatz an der EZB, die Jungs aus der Heimatsiedlung, Flores, ich und viele, viele mehr in ganz Deutschland haben sich im Lockdown dieser Aktion angeschlossen und geholfen. Ich finde, das war eine tolle Sache und wenn es euch interessiert, findet ihr Informationen zur Aktion unter www.footballfortolerance.org, auch wenn wir alle hoffen, dass Corona, wenn ihr diese Zeilen lest, keine große Rolle mehr spielt.

Die zweite Sache ist die, dass es in fast allen Nachwuchsleistungszentren durch die Coronapausen in der U19 für die Saison 2021/22 vier Torwarte gibt. Das liegt daran, dass die Vereine keine U18-Teams stellen und die älteren Jahrgänge durch den Lockdown keine Möglichkeit hatten, sich mit guten Spielen anderen Vereinen für die Herrenmannschaften zu empfehlen. Somit stehen in fast allen Clubs für die U19-Torwartposition mindestens zwei 2003er und zwei 2004er Keeper zu Verfügung. Da der ältere Jahrgang eigentlich gesetzt ist, bedeutet das für uns aus dem jüngeren Jahrgang: Ein Jahr auf die Bank. Ich kritisiere das nicht, denn die 2003er Jungs mussten sich zuvor ja auch ein Jahr anstellen und gedulden. Das Problem ist aber in unserem Fall, dass durch den Coronalockdown ja auch schon die Saison 2020/21 zur Hälfte ausgefallen ist. Das wird ganz hart für mich, wenn ich die ganze Saison trainiere, ohne viel Spielpraxis zu bekommen. Ich hänge sehr an meinem Verein und den Menschen dort. Ich habe ihm viel zu verdanken, und ohne ihn wäre ich heute nicht der Torwart, der ich bin. Ich liebe aber auch dieses Spiel und die Magie, die für mich nur der Fußball hat. Eine so lange Zeit ohne diesen Kick auszukommen, ist brutal.

Wie immer in meinem Leben werde ich die Torwarttrikotärmel hochkrempeln, mich im Training voll reinhauen und alles geben, um mir den
nötigen Schliff zu holen, den ich später bei den Profis brauche. Drückt
mir die Daumen, denn dann schaff ich das ☺

Die dritte Sache ist die. Ende Januar 2021 wurde ich vom Forschungs-
projekt „Youth-News-Research" in die stärkste U17-Elf des 2004er Jahrgangs nominiert. In der bundesweiten Studie wurden Spielerdaten aller
U17-Bundesligaspieler für das Jahr 2020 erhoben und ausgewertet. Laut
den Ergebnissen dieser Studie war ich der stärkste U17-Torwart 2020
in ganz Deutschland und erspielte einen Score von 95,90 %. Dieses Re-
sultat macht mich wirklich stolz, denn die Konkurrenz aus den vielen

großen und kleinen Nachwuchsleistungszentren sowie den ambitionierten Breitensportvereinen ist riesengroß.

Ich denke, die Tatsache, dass mittlerweile gut zwei Jahre kein Spiel mehr verloren ging, in dem ich zwischen den Pfosten stand, sowie meine rasante Entwicklung in den letzten Jahren hat ihren Teil zu diesem Score beigetragen.

Dass eine solche Leistung überhaupt möglich war, habe ich vielen verschiedenen Menschen zu verdanken, und ein Teil dieser Menschen seid ihr. Wenn man sich ein Buch über einen so jungen Sportler kauft, dieses Buch komplett durchliest und sich mit seiner Geschichte auseinandersetzt, zeigt das ein hohes Interesse an und eine starke Empathie für diesen Menschen. Das macht mich sehr glücklich und gibt mir neue Kraft für meinen weiteren Weg.

Dafür möchte ich euch nochmal ein ganz, ganz großes Dankeschön sagen!

Damit auch ihr nach den ganzen Lockdownschließungen des Schul- und Vereinssports wieder in Bewegung kommt, empfehle ich euch, jeden Tag eine halbe Stunde Sport zu machen. Ganz locker und ohne Druck. Sucht euch einfach das raus, was euch Spaß macht.

Joggen, Skaten, Bike fahren, Schwimmen oder meldet euch in einem Fußball-, Handball- oder Basketballverein an und macht einen Mannschaftssport. Es gibt wirklich Hunderte von coolen Sportarten. Da seid ihr ruck, zuck fit und habt euren Spaß!

Am Ende dieses Buches findet ihr einen ganz einfachen Stundenplan, in den man seine Trainingstage und -zeiten eintragen kann. Ich benutze auch so einen, und er hilft mir, einen guten Rhythmus reinzubekommen.

Vielleicht sehen wir uns ja mal bei einem Spiel mit meinen Jungs. Das würde mich echt freuen. Bis dahin bleibt stabil und an die Torleute unter euch: Haltet die Kiste sauber.

Euer Luca

Vielen, vielen Dank. Ihr seid die Größten!

ZEIT	MONTAG	DIENSTAG	MITTWOCH	DONNERSTAG	FREITAG

Fotonachweis

Die Fotos sind von:

Daniel Kummer (Titelbild, S. 89, S. 131)
Stefan Henrich (Titelbild, S. 10, S. 47, S. 75, S. 101, S. 135)
Cristina Furnari (Rest Privatfotos)

Gudrun Opladen
Die Zecke des Zaren
... ein ganz anderer Vampirroman

Der schrullige Zar Bullebartsch aus Bullonien ganz bestimmt. Denn der hat das unbekannte Tier plötzlich an seinem Popo kleben – und weiß nicht, wie er es wieder loswerden soll. Ist der bissige Störenfried, der ihn bald kränker und kränker macht, etwa ein kleiner Vampir? Oder hat ein Spion des gemeinen Großzaren Petrusski seine Finger mit im Spiel und hat die Zecke heimlich an das hochwohlgeborene Hinterteil des Zaren geheftet? Ab 6.
87 S. | kart. | ISBN 978-3-943624-02-1 | € 9,90

Max Kruse
Kerlchens wundersame Reise

Die deutsche Sprache ist reich an Redewendungen und Sprichwörtern, deren Bedeutung wir kaum noch kennen, die wir aber täglich im Munde führen. Mit ihnen lässt sich spielen, mit ihnen lassen sich neue Geschichten erfinden. Max Kruse hat es getan. Mit den Geschichten vom eitlen Dummkopf, vom rücksichtslosen Tyrannen, vom geldgierigen Kaufmann und vom menschlichen Genie – und schließlich auch vom Lernen hat er farbige Märchen erfunden. Nicht der geringste Reiz dieses Buches ist es, den Redewendungen und Sprichwörtern nachzuspüren, sie aufzusuchen und zu entdecken. Wem dies nicht restlos gelingt, dem hilft zum Schluss die kluge Eule auf die Sprünge. Sicher eines der fabulierfreudigsten und weisesten Bücher des Autors von „Urmel aus dem Eis". Doris Eisenburger hat illustrative Meisterwerke dazu geschaffen, die das Buch zu einem grafischen Kunstwerk machen. – Für Kinder ab 8 Jahren.
277 S. | kart. | ISBN 978-3-933037-75-6 | € 19,90

Werner A. Stahl
Die Reisen mit dem grünen Klappstuhl

„Ich habe mich in die Sicht- und Denkweise der agierenden Personen hineinversetzt und mit deren Hilfe ein zeitgenössisches Bild der Siedlung Neu-Isenburg und deren Bewohner in der frühen Zeit ihrer Gründung zu Anfang des 18. Jahrhunderts gezeichnet", so der Autor. Er lädt die Leser auf eine kleine Zeitreise der besonderen Art ein, deren Protagonisten sowohl im heutigen als auch im früheren Neu-Isenburg agieren. Welche Rolle dabei der geheimnisvolle grüne Klappstuhl spielt, nun, das sollte der Leser selbst herausfinden ... :-) Ein Roman für große und für kleine Neu-Isenburger und alle anderen Interessierten im Alter von etwa 10 bis 99 Jahren.
143 S. | kart. | ISBN 978-3-943624-56-4 | € 14,80

Jan Bretschneider

Katzenfernsehen
und andere Geschichten von Herrn Reitmeister

Herr Reitmeister kann witzig und ernsthaft, voller Humor und Tristesse, naiv und schlau, leichtgläubig und zweifelnd, gewinnend und abweisend daherkommen. Erscheint mal jünger, dann etwas älter, hier gebildet und da „einfach gestrickt", geht unterschiedlichen Berufen und Berufungen nach. In der einen Situation ist er von seiner Meinung fest überzeugt, in einer anderen lässt er sich leicht beeinflussen. Kurzum: Er ist ein Mensch wie du und ich, dem allerhand Dinge passieren, die lustig oder bedenkenswert, außergewöhnlich oder skurril sein können. Der normale Alltagswahnsinn eben …

161 S. | kart. | ISBN 978-3-943624-27-4 | € 13,90

Tom H. Gehrke

130 Jahre Automobil
Ein Ausmalbuch zum Entspannen

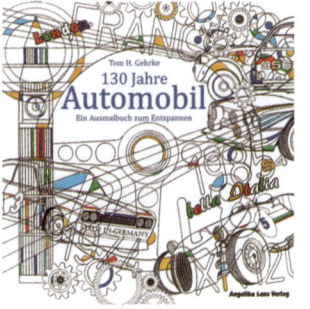

Dieses wunderbare Ausmalbuch von Tom H. Gehrke möchte in die fantastische Welt des Automobildesigns entführen. Es zeigt die schönsten und interessantesten Fahrzeuge aus 130 Jahren. Jede Seite erzählt eine Geschichte, die es malerisch zu entdecken gilt. Schalten Sie beim Colorieren Ihres Traumwagens einen Gang runter und genießen Sie es, Ihr eigenes kleines Kunstwerk zu erschaffen..

88 S. | kart. | ISBN 978-3-943624-28-1 | € 16,90

Jan Bretschneider

Dumme und kluge Sprüche

Geht es Ihnen nicht auch manchmal auf die Nerven, wenn Menschen zu allem und jedem ihren Senf dazu geben müssen? Das zu ertragen ist mitunter anstrengend. Nun ist Jan Bretschneider mit diesem Buch auch einer von den „Senf-dazu-Gebern". Welche der von ihm gesammelten Sprüche dumm und welche klug sind, das zu bewerten überlässt der Autor augenzwinkernd gern den Lesern.

135 S. | kart. | ISBN 978-3-943624-24-3 | € 12,90

DFW-Heft 31: Klimaschutz – Natur verstehen, achten, lieben

Die Komplexität natürlicher und ökonomischer Abläufe und die Begrenztheit des Wissens bringen uns oft dazu, Risiken menschlicher Eingriffe falsch einzuschätzen und kurzfristige eigene Vorteile höher zu werten. Sich die Welt von morgen erträumen, das zeigen die Nachhaltigkeitsziele der Agenda 2030. Das Problem mit den Träumen aber ist, dass man in diesen oft vernachlässigt, die ersten Schritte in der Gegenwart vorzubereiten und danach zu handeln. Das Thema Klimaschutz betrifft jedoch nicht nur kleine Bereiche unseres Handelns, es greift weit darüber hinaus. Auswirkungen sind in der Landwirtschaft, in den meteorologischen Vorhersagen bzw. auch Wetterkapriolen zu erkennen. Der ökologische Fußabdruck ist kein Fremdwort mehr und kann selbst bei großer Gutgläubigkeit in Zusammenhang mit stetigem Wachstum nicht mehr positiv bewertet werden.

52 S. | geheftet | ISBN 978-3-943624-57-1 | € 7,90

Max Kruse

Die Froki-Saga

Der Waisenjunge Froki, das „frohe Kind", findet eine neue Familie. Und er begegnet den Tropfs. Was sind das für seltsame Geschöpfe? Was für einen kostbaren Schatz hüten die kleinen Wesen in ihrer unterirdischen Höhle? Froki begreift schnell, was es damit auf sich hat. Doch nicht alle gehen verantwortungsbewusst mit dem wertvollen Gut um. Frokis Familie und Nachbarn leben nur solange im Einklang mit Natur und Umwelt, bis Unvernunft und Gier Einzug in ihrer Stadt halten. Was können Froki und seine Freunde tun, um das Leben wieder lebenswert zu machen und ihre Heimat Irdengarten von dem Monster Tekno zu befreien?

177 S. | frz. Broschur | ISBN: 978-3-933037-82-4 | € 14,90

Angelika Lenz Verlag

Beethovenstraße 96 | 63263 Neu-Isenburg
Tel. 06102 723509 | info@lenz-verlag.de
www.lenz-verlag.de